学ぶ人は、
変えて
ゆく人だ。

目の前にある問題はもちろん、

人生の問いや、

社会の課題を自ら見つけ、

挑み続けるために、人は学ぶ。

「学び」で、

少しずつ世界は変えてゆける。

いつでも、どこでも、誰でも、

学ぶことができる世の中へ。

旺文社

大学入試 全レベル問題集

世界史

[歴史総合,世界史探究]

岩田一彦 著

2 共通テストレベル

三訂版

はじめに

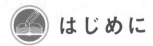

古代ギリシアの歴史家ヘロドトスは，紀元前5世紀に起こったペルシア戦争を主題に「historiai（ヒストリアイ）」を著しました。その冒頭で，「ギリシア人と異邦人がなぜ争ったのかという事実とその情報が忘れ去られぬように，探究したところを物語る」と，本を書いた理由を記しています。ヘロドトスが表題としたギリシア語の「historiai」は，「①事実の探究・調査　②知識・情報　③物語・説明」などを意味しています。ギリシア語を語源とするフランス語のhistoire, イタリア語のstoriaも「歴史」と「物語」の両方の意味をもっています。

しかし，英語のhistoryは，世の中や物事の移り変わりに伴って発生した事実，またその記録をさし，「歴史」と訳されます。いっぽう，語頭音のhiが落ちたstoryという単語もあります。storyは，人間が想像して作り上げた話・物語ととらえ，historyと使い分けられています。

historyとstoryは，同一の語源に由来しますが，historyのおもな要素である「人々・場・時」を，仮想なものに入れ替えたり，口承や伝説を取り入れると，それは，storyに変貌します。

嘘とも真実ともわからない情報が，一瞬にして広がってしまう現在，わたしたちは，ヘロドトスから「事実を探究」することの大切さを学ぶべきでしょう。

大学入学共通テスト「歴史総合，世界史探究」では，資料を読み取る読解力と，歴史事象に関する文脈の正誤あるいは適・不適を判別する理解力が，しっかり身についているかどうかが問われています。すなわち，history（歴史的事実）とstory（作り話）が混在した選択肢のなかから，historyを選択する問題です。本書は，「歴史総合」については公表されたサンプルと試作問題から，「世界史探究」については過去の共通テストおよびセンター試験の問題から良問を精選して構成しました。本書が，世界史の事実を探る羅針盤になることを願っています。

岩田一彦

著者紹介：**岩田一彦**（いわたかずひこ）

旺文社『螢雪時代』アドバイザー。「大学受験ラジオ講座」の講師，編集顧問を歴任。著書に『大学受験 ココが出る!! 世界史ノート　歴史総合，世界史探究［四訂版］』，『高校とってもやさしい世界史』（旺文社），『世界の歴史 人物事典』，『世界の歴史 出来事事典』（集英社）などがある。

本シリーズの特長と本書の使い方

1. 自分のレベルに合った問題を短期間で学習できる！

大学の難易度別の問題集シリーズです。大学入試を知り尽くした著者が，過去のセンター試験・共通テストから問題を厳選して，レベルに応じた最適な解説を執筆しました。共通テスト対策にぴったりな問題と解説で理解が深まり，知識が定着します。

2. 共通テストの解き方がわかる『②共通テストレベル』！

過去のセンター試験(本試験・追試験)・共通テストからテーマに合った良問だけを精選。共通テストで必要とされる内容を的確におさえた解説を読んで，高得点を目指しましょう。

3. 学習効率重視の構成！

「歴史総合」の問題に加え，「世界史探究」では，時代順に 29 テーマの構成。「世界史探究」部分は 1 テーマごとに，問題 2 または 4 ページ(本冊)＋解答解説 2 ページ(一部 4 ページ，別冊)となっており，効率よく学べます。全ての小問に解説付き。間違えた問題はもちろん，正解した問題の解説も読み，自分の理解を確かなものにしましょう。解説内に「要注意！」などの囲みを設けて，紛らわしい用語や関係の深い項目をまとめました。

4. 共通テストの特徴と対策を掲載！

6 から 9 ページに共通テストで高得点を獲得するための秘訣をまとめました。繰り返し読んで確認し，秘訣を自分のものにできるよう，しっかり対策しましょう。

自動採点について

採点・見直しができる無料の学習アプリ「学びの友」で，簡単に自動採点することができます。

① 以下の URL か右の二次元コードから，公式サイトにアクセスしてください。

https://manatomo.obunsha.co.jp/

② アプリを起動後，「旺文社まなび ID」に会員登録してください(無料)。

③ アプリ内のライブラリより本書を選び，「追加」ボタンをタップしてください。

※ iOS／Android 端末，Web ブラウザよりご利用いただけます。

※本サービスは予告なく終了することがあります。

目次

本書で使用している入試問題は，原典の様式を尊重して掲載していますが，一部の問題のみを抜き出す，解答を補うなどの改題を適宜行っています。また編集上の都合により，設問文や問題番号などは，本書内で統一している箇所もあります。

装丁デザイン：ライトパブリシティ　本文デザイン：イイタカデザイン　写真協力：茨城県立図書館蔵(茨城県立歴史館保管)，アフロ，Bridgeman Images／アフロ，Ullstein Bild／アフロ，akg-images／アフロ
編集協力：余島編集事務所　校閲：イマニシヒデキ　校正：株式会社東京出版サービスセンター，稲葉友子

大学入学共通テストの特徴と対策

共通テスト「歴史総合，世界史探究」の特徴

●「歴史総合」は，近現代に関する資料の読解力と歴史的思考力を重視

「歴史総合」は，18 世紀以降，現代までの世界史と日本史を融合した近現代史で，「近代化」，「大衆化」，「グローバル化」という 3 つの柱が設定されています。この 3 つの観点から，現代がどのように形づくられてきたか，地域と時代区分の壁を越えた歴史の大きな流れと，歴史事象の背景にある要因はなにかなどについて，多角的に考えさせる出題が予想されます。

「歴史総合」の教科書では，多くの「問い」が設けられています。それぞれの「問い」に対して，教科書の本文をしっかり読み込み，併用されている資料(史料文，図版，地図，表・グラフなど)とその解説文を参考に，自身の考えやその考えにいたった根拠をまとめましょう。この「問い」に対する自分なりの「回答」を導きだす学習を繰り返すことが，歴史総合の基本的な勉強の姿勢ですし，共通テスト対策にも直結する学習といえるでしょう。

●「世界史探究」は，資料(史料文・図版・表)を読み取る力が試される！

共通テストの『歴史総合，世界史探究』(旧課程の『世界史Ｂ』)は，大問数は 5 題，小問数は 34 問前後で構成されています。この傾向を踏まえて「歴史総合，世界史探究」は，第 1 問が「歴史総合」から，第 2 問以下は「世界史探究」からの出題と想定され，バランスのとれた問題構成と考えられます。

大問は，一つのテーマに沿った会話文で構成される形式が多く，その際，複数の資料(史料文・図版・表やグラフ)を多用して歴史事象を読み取る問題が中心です。読み取った情報を歴史事象に結び付けて考察できるか，また意義や内容を的確に理解しているかどうかが問われています。

小問は，大問のテーマと必ずしも一致しているとは限りませんが，多くは基本的な知識と理解が出題の対象とされ，特に歴史事象の背景・要因，経過，影響を問う問題が中心です。また地域と時代の偏りを少なくするため，諸地域世界の接触や交流・交渉に関する問題，あるいは同時代の諸地域の状況や事象を比較して共通性や違いを読み取る問題，さらにある地域世界を時系列的に配列する問題など，歴史的な識別力や判断力も問われています。

●歴史事象の正誤判定が主流。背景や要因，根拠に着目した出題が多い！

各小問の出題形式は，歴史事象の正誤や適・不適を判別する問題が主流ですが，それぞれの選択文では，時代や地域の正誤のほか，特に歴史事象の背景と結果，その内容を正しく理解しているかどうかを問う問題が多くみられます。また，複数の資料を読み取って比較しないと対応できない問題や，歴史判断の根拠として適切なものを問う問題，あるいは一つの設問で正答を複数設定し，その答えに関連する事項や事象を，次の設問で複数選択させる2問リンク式，さらに史料文に複数の空欄を設定して適語や短文を組合せて選択させる空欄補充など，さまざまな方式を組合せて構成されています。

●教科書の記述に比例してバランスよく出題されているが，近現代史からの出題がやや多い！

前近代と近現代の出題の割合は，扱われるテーマによって異なりますが，教科書の記述内容の比率に，ほぼ対応しています。全体的には「歴史総合」からの出題を含めると，近現代史からの出題が相対的に多くなります。

分野的には，大問で利用される資料(史料文)にもよりますが，主に政治に関する出題比率が高いといえます。また社会・経済に関しては表・グラフが，文化に関しては文献や図版などが多用され，それぞれについての読解力と理解力が問われています。さらに一つの小問で，政治や社会・経済，文化などを相互に関連づける複合的な問題の増加も予想されます。大問のテーマには，教科書の「コラム」や「まとめ」などで扱われている記述(例えば，「ジェンダー」，「気候変動」，「情報通信」など)も多いので，教科書の欄外の解説文とともに，きめ細かい学習が大切です。

地域的には，欧米とアジア・アフリカの比率は，偏りのないように配慮されていますが，特に「諸地域世界の接触・交流」の観点から，東南アジアやアフリカ・中央ユーラシア・オセアニアなどの諸地域や，インド洋・地中海・南シナ海・カリブ海などの海域を舞台に，地図や史料文・統計グラフなどを併用して，人の移動や交易による政治・社会の変化や文化の多様化などに関する出題も想定されます。

共通テスト「歴史総合，世界史探究」の対策

●「考える学習」を優先する！

「歴史総合」の基本的学習についてはすでに触れましたが，ここからは，「歴史総合，世界史探究」の対策をまとめましょう。共通テストでは，まず「世界史の基本的な知識と理解度」が問われます。単純な空欄補充や用語の記述は，覚えていれば解答できますが，歴史事象の正誤判定や歴史判断が適当か不適当かの判断を求める問題は，しっかりした理解と正しい知識（定着した記憶）が結びついていないと正答は得られません。

先史時代から現代まで，教科書を繰り返し読んで，歴史の大きな流れを理解することが世界史学習の基本です。単元ごとに歴史の流れに沿って出来事の「要因・背景」，その「推移・経過」，そして「結果・影響・意義」を考える，すなわち「覚える」前に「理解する」。そして「思考する」勉強を優先しましょう。関連する「いつ・どこ・だれ」は，理解した上で「書いて覚える」作業を繰り返すことが，確実に修得するコツです。

●地図や図版は丁寧に観察する

地図を使って情報を読み取り，歴史事象との関わりを問う組合せ問題も注意が必要です。教科書で扱われている都市や地域，さらに人（民族・旅行者・移民）やモノ（商品・資源）の移動，文化・宗教や情報の広がりなどについては，その時代の状況を示した資料（教科書や図説類の地図，文献・表など）と解説文を参考に，地図では地形上の特徴を手がかりに位置や経路を，文献・表ではその具体的内容や推移を理解することが大切です。

また共通テストでは，写真・図版（図像）も数多く利用されています。歴史事象を題材にした美術品や風刺画，歴史的な建造物・遺跡・遺物などを，直接問題に取り入れて，その名称やその内容と意味，さらに時代の状況を読み取らせる問題，あるいは図版が作られた背景を推理・推測させる出題もあります。教科書や図説類などに掲載されている写真・図版（図像）などの視覚資料は重要な出題材料となっていますから，解説文を手がかりに，しっかり観察し，その特徴と関連する事項をつかんでおくことです。

●グラフや文献資料から情報を読み取る学習を！

「資料の活用」が重視され，それを反映して表･統計グラフや史料文，さらに系図を使った出題も目立ちます。本番で慌てないように，日ごろから，教科書や図説類のグラフや文献資料には，積極的に目を通し，解説文をしっかり読んで情報の的確な読み取り方を訓練しておきましょう。さらに読み取った情報から，関連する歴史事象の推移や時代の変化を考える学習を続けることが大切です。また「歴史総合」との関連で,「世界のなかの日本」も警戒したい分野です。前近代は東アジア世界と日本との交渉と交流，近代以降は世界と日本に関する史料文(公文書や回顧録，旅行記，新聞・雑誌など)を多用した出題が注目されます。そこで，日本に関連する事項は,「日本史探究」の教科書も参考にして，同時代の世界と日本の双方の立場やとらえ方などの違いを理解するのも有効でしょう。共通テストではこのような視点からの出題も予想されます。

●センター試験などの過去問は，基礎力を高める最適な教材！

「歴史総合, 世界史探究」の理解と知識を確認するための問題演習は欠かせません。共通テストの出題形式と内容は，資料の読解力が重視されているとはいえ，歴史事象の正誤や適・不適の判定が主流ですから，共通テストの過去問のほか，かつてのセンター試験や私立大入試の正誤判定の過去問も，十分，学習効果をあげる教材といえます。特にセンター試験の過去問は，共通テスト対策の基本データともいえますから，本問題集を活用して意欲的に取り組みましょう。過去問の演習に際しては，特に正誤判定問題では，選択文中の誤っている箇所を，どのように正せばよいかを考えながら演習すること，同時に関連する「いつ・どこ・だれ・なに」や前後の歴史事象を思い起こしながら，歴史の流れに沿った理解ができているか，また知識と理解の思い違いはないかなどを，再確認することが実戦力の向上につながります。

解答・解説：別冊 p.2

第1問 歴史総合の授業で，世界の諸地域における人々の接触と他者認識について，資料を基に追究した。次の文章 **A**～**C** を読み，後の問いに答えよ。（資料には，省略したり，改めたりしたところがある。） (2022 試作)

A 19 世紀のアジア諸国と欧米諸国との接触について，生徒と先生が話をしている。

先　生：19 世紀はアジア諸国と欧米諸国との接触が進んだ時期であり，アジア諸国の人々と欧米諸国の人々との間で，相互に反発が生じることがありました。例えば日本の開港場の一つであった横浜の近郊では，薩摩藩の行列と馬に乗ったイギリス人の一行との間に，**図**に描かれているような出来事が発生しています。それでは，この出来事に関連する他の資料を図書館で探してみましょう。

（この後，図書館に移動して調査する。）

高　橋：横浜の外国人居留地で発行されていた英字新聞の中に，この出来事を受けて書かれた論説記事を見つけました。

（ここで，高橋がⓐ<u>英字新聞の論説記事</u>を提示する。）

中　村：この記事は，現地の慣習や法律に従わなかったイギリス人の行動を正当化しているように見えます。また，この出来事が，イギリス側でも，日本に対する反発を生んだのだと分かります。

先　生：そのとおりですね。一方で，アジア諸国が欧米諸国の技術を受容した側面も大事です。ⓑ<u>19 世紀のアジア諸国では，日本と同じく欧米の技術を導入して近代化政策を進める国が現れました。</u>

□ **問1**　文章中の**図**として適当なもの**あ・い**と，後の**年表**中の **a**～**c** の時期のうち，**図**に描かれている出来事が起こった時期との組合せとして正しいものを，後の ①～⑥ のうちから一つ選べ。

図として適当なもの

あ

い

日本の対外関係に関する年表

1825年	異国船を撃退するよう命じる法令が出された。
↓	**a**
	上記法令を撤回し，異国船への燃料や食料の支給を認めた。
	b
	イギリス艦隊が鹿児島湾に来て，薩摩藩と交戦した。
	c
1871年	清との間に対等な条約が締結された。

① **あ**—**a**　② **あ**—**b**　③ **あ**—**c**

④ **い**—**a**　⑤ **い**—**b**　⑥ **い**—**c**

□ **問2**　下線部ⓐに示された記事の内容を会話文から推測する場合，記事の内容として最も適当なものを，次の ①～④ のうちから一つ選べ。

① イギリス人は，日本の慣習に従って身分の高い武士に対しては平伏すべきである。

② イギリス人は，日本においてもイギリスの法により保護されるべきである。

③ イギリス人は，日本の許可なく居留地の外に出るべきではない。

④ イギリス人は，日本が独自に関税率を決定することを認めるべきではない。

□ **問3**　下線部ⓑについて述べた文として最も適当なものを，次の ①～④ のうちから一つ選べ。

① ある国では，計画経済の建て直しと情報公開を基軸として，自由化と民主化を目指す改革が進められた。

② ある国では，「四つの現代化」を目標に掲げ，市場経済を導入した改革・開放政策が行われた。

③ ある国では，儒教に基づく伝統的な制度を維持しつつ，西洋式の兵器工場や造船所を整備する改革が進められた。

④ ある国では，労働者に団結権が認められるとともに，失業者対策と地域開発を兼ねて，ダム建設などの大規模な公共事業が行われた。

B　戦争の際のナショナリズムや他者のイメージについて，絵を見ながら生徒と先生が話をしている。

先　生：以前の授業では，一つの国民あるいは民族から成る国家を建設する動きをナショナリズムという用語で説明しました。それは異なる言葉や生活様式を持つ人々を均質な国民として統合しようとする動きと言えますね。

まさき：島国として地理的なまとまりが強い日本には，わざわざナショナリズムによって国民を統合するような動きは見られないですよね。

ゆうこ：そんなことはないでしょう。日本は，昔も今も一つの民族による国家だと思う人はいるかもしれませんが，そうではなく，異なった言語や文化を持った人々によって構成されていたのです。近代において，そういった人々を，ナショナリズムによって統合していった歴史があったはずです。

まさき：その際，抑圧の側面も存在したと考えてよいのでしょうか。

先　生：そのとおりです。

さて今回は，20 世紀の戦争に目を向けてみましょう。そこでは，敵対する他者が戯画化されて，表現されることがよくあります。次の絵を見てください。これは第一次世界大戦が始まった際に，フランスのある新聞に掲載された絵です。解説には，フランスを含む5つの国の「文明戦士がドイツとオーストリアというモンスターに立ち向かう」と書かれています。5つの国には，フランスのほかに［ア］などが当てはまると考えられますね。どちらも，三国協商を構成した国です。

ゆうこ：交戦相手を怪物として描いてその恐ろしさを強調することで，敵に対する国民の憎悪をかきたてて団結させようとしているのですね。

まさき：このように敵対意識を表現することや，他の国と比べて自国を良いものだと考えることで自国への愛着を促すこと，これらもナショナリズムと言えるのでしょうか。

先　生：そのとおりです。ほかにも，植民地支配からの独立を目指す動きもナショナリズムに基づいていると言えます。

ゆうこ：ⓒナショナリズムには多様な現れ方があるのですね。

問4　文章中の空欄［ア］について，(1)及び(2)の問いに答えよ。

□(1)　文章中の空欄［ア］に入る国の名として正しいものを，次の ①～⑥ のうちから一つ選べ。**なお，正しいものは複数あるが，解答は一つでよい。**

① アメリカ合衆国　　② イギリス
③ イタリア　　④ チェコスロヴァキア
⑤ 日　本　　⑥ ロシア

□(2)　(1)で選んだ国について述べた文として最も適当なものを，次の ①～⑥ のうちから一つ選べ。

① 血の日曜日事件が起こった。
② サルデーニャ王国を中心として統一された。
③ 奴隷解放宣言が出された。
④ ズデーテン地方を割譲した。
⑤ チャーティスト運動が起こった。
⑥ 中国に対して，二十一か条の要求を行った。

□ **問5** 下線部ⓒに関連して，ナショナリズムの現れ方として考えられること**あ・い**と，その事例として最も適当な歴史的出来事**X**〜**Z**との組合せとして正しいものを，後の ①〜⑥ のうちから一つ選べ。

ナショナリズムの現れ方として考えられること

あ 国内で支配的位置にある多数派の民族が，少数派の民族を同化しようとすること。

い 外国による植民地支配から脱して，自治や独立を勝ち取ろうとすること。

歴史的出来事

X ロシアとの戦争が迫る情勢の中で，幸徳秋水が非戦論を唱えた。

Y 明治期の日本政府が，北海道旧土人保護法を制定した。

Z ガンディーの指導で，非暴力・不服従運動が行われた。

① **あ**―**X** **い**―**Y**
② **あ**―**X** **い**―**Z**
③ **あ**―**Y** **い**―**X**
④ **あ**―**Y** **い**―**Z**
⑤ **あ**―**Z** **い**―**X**
⑥ **あ**―**Z** **い**―**Y**

C　1970年に開催された日本万国博覧会(大阪万博)について，生徒たちが，万博に関わる当時の新聞記事(社説)を探して，記事から**抜き書き**を作成した。

社説の抜き書き

・万博に参加した77か国のうち，初参加のアジア・アフリカなどの発展途上国が25か国に上っていた。
・アジア・アフリカなどの発展途上国のパビリオン(展示館)では，一次産品の農産物・地下資源や民芸品・貝殻などが展示されていた。
・こうした発展途上国のパビリオンからは，GNP(国民総生産：国の経済規模を表す指標の一つ)は低くとも，自然と人間が関わり合う生活の中に，工業文明の尺度では測れない固有の文化の価値体系を知り得た。
・高度工業文明とGNP至上主義の中で，「物心両面の公害」に苦しめられている今日の日本人にとって，発展途上国のパビリオンから知り得た文化と風土の多様性こそ，人間の尊厳と，人間を囲む自然の回復を考える手掛かりである。

(『読売新聞』1970年9月13日朝刊(社説)より作成)

□ **問6**　センリさんのグループは，社説が発展途上国のパビリオンの特徴に注目しながら，同時代の日本の状況を顧みていることに気付いた。その上で，当時の世界情勢で社説が触れていないことについても，議論してみようと考えた。社説が踏まえている当時の日本の状況について述べた文**あ・い**と，当時の世界情勢で**社説が触れていないこと**について述べた文**X・Y**との組合せとして正しいものを，後の①～④のうちから一つ選べ。

社説が踏まえている当時の日本の状況

あ　第1次石油危機(オイル＝ショック)により，激しいインフレが起こっていた。

い　環境汚染による健康被害が問題となり，その対策のための基本的な法律が作られた。

当時の世界情勢で社説が触れていないこと

X　アジアでは，開発独裁の下で工業化を進めていた国や地域があった。

Y　アラブ諸国では，インターネットを通じた民主化運動が広がり，独裁政権が倒された国があった。

①　**あ—X**

②　**あ—Y**

③　**い—X**

④　**い—Y**

□ **問7**　センリさんのグループでは，発展途上国が万博に積極的に参加した背景について調べ，**メモ**にまとめた。**メモ**中の空欄 **イ** ・ **ウ** に入る語句の組合せとして正しいものを，後の ①～④ のうちから一つ選べ。

メ　モ

1960 年に **イ** で 17 か国が独立を果たすなど，1960 年代には独立国の誕生が相次いだ。新たに独立した国々の中には **ウ** する国もあるなど，発展途上国は国際社会において存在感を高めていた。

①　**イ**—アフリカ　　　**ウ**—非同盟諸国首脳会議に参加

②　**イ**—アフリカ　　　**ウ**—国際連盟に加盟

③　**イ**—東南アジア　　**ウ**—非同盟諸国首脳会議に参加

④　**イ**—東南アジア　　**ウ**—国際連盟に加盟

□ **問8**　ユメさんのグループは，万博後の発展途上国と日本の関係について，政府開発援助（ODA）から考えることとし，日本の ODA の地域別配分割合の推移を示す**グラフ**を作成し，そこから考えたことを**メモ**にまとめた。3 人の**メモ**の正誤について述べた文として最も適当なものを，後の ①～④ のうちから一つ選べ。

グラフ　日本の 2 国間 ODA の地域別配分割合の推移

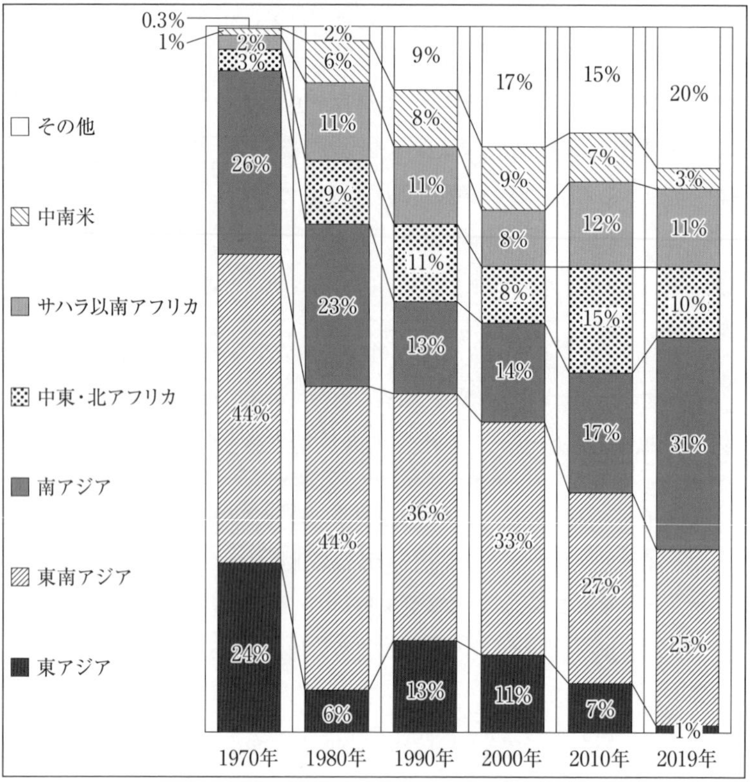

（外務省国際協力局「2020 年版開発協力参考資料集」より作成）

（注）四捨五入のため，合計は必ずしも 100% にならない。

ユメさんのメモ

1970 年に東アジアの割合が 24%に達していたのは，中華人民共和国への援助が開始されていたためである。

テルさんのメモ

2010 年までは，どの年についても，東南アジアの割合が最も大きかった。東南アジアの中には，日本が賠償を行った国々が含まれていた。

アインさんのメモ

1970 年から 2019 年にかけて，南アジアの割合は一貫して減少し，日本の援助先としての重要性が，他地域と比べて低下している。

① ユメさんのメモのみが正しい。

② テルさんのメモのみが正しい。

③ アインさんのメモのみが正しい。

④ 全員のメモが正しい。

第2問 「歴史総合」の授業で，「東西冷戦とはどのような対立だったのか」という問いについて，資料を基に追究した。次の授業中の会話文を読み，後の問い(**問1〜5**)に答えよ。(資料には，省略したり，現代日本語に訳すなど改めたりしたところがある。) (2021 サンプル)

先　生：第二次世界大戦が終わるとまもなく，冷戦の時代が始まりました。**資料1**は，冷戦の時代のヨーロッパで撮影された写真です。

山　本：なぜ,「自由への跳躍」という題名が付けられているのですか。

資料1　「自由への跳躍」

先　生：ここに写っているのは，ベルリンの壁が建設されている最中の1961年に，警備隊員が有刺鉄線を跳び越えて亡命しようとしている瞬間の様子で，写真の解説には，「　**ア**　」とあります。その後，この写真は，ⓐ二つの体制の間の競争の中で，亡命を受け入れた側にこそ政治や思想・表現の自由があると主張するために使われて，有名になったのです。

山　本：それが，写真の題名にある「ⓑ自由」の意味なのですね。

セ　ナ：冷戦の時代が始まったとき,日本はどのように関係していたのですか。

先　生：次の**資料2**は，冷戦の時代の初期に日本国内で出された指令です。

資料2　**イ**　等の公職からの排除に関する件(1950年9月5日閣議決定)

> 民主的政府の機構を破壊から防衛する目的をもって，危険分子を国家機関その他公の機関から排除するために，次の措置を講ずること。
> (一)　**イ**　又はその同調者で，官庁，公団，公共企業体等の機密を漏洩(ろうえい)し，業務の正当な運営を阻害する等その秩序をみだし，又はみだす虞(おそれ)があると認められるものは，これらの機関から排除するものとする。

セ　ナ：冷戦の時代の厳しい東西対立の影は，日本にも及んでいたのですね。

山　本：私は，矛盾を感じます。**資料1**の写真の題名は，西側陣営の宣伝の意味もあり付けられたのでしょうが，**資料2**から読み取れるのは，冷戦の時代の初期に日本で［**イ**］とされた人たちの自由が制限されていたことです。

先　生：当時，日本は連合国軍総司令部(GHQ)による占領統治下にありました。占領下の政策方針は，国際情勢の変動に合わせて変化していったのです。

豊　田：気になることがあります。「冷戦」とは，実際には戦争が起こらなかったことを意味していると思いますが，ⓒ東西冷戦の時代には，実際の戦争は起こらなかったのですか。

先　生：**資料3**を見てください。戦争が起こらなかったのはヨーロッパだけのことであって，世界中では，冷戦の影響の下で多くの戦争が起こりました。また，東西両陣営は，軍事力だけでなくⓓ経済面においても，他方に対する優位を確保しようと競い合ったのですよ。あなたたちが生まれたのは，この長い対立が終わって十数年後のことですね。

資料3　第二次世界大戦以後に国家が関与した武力紛争による地域別の死者数

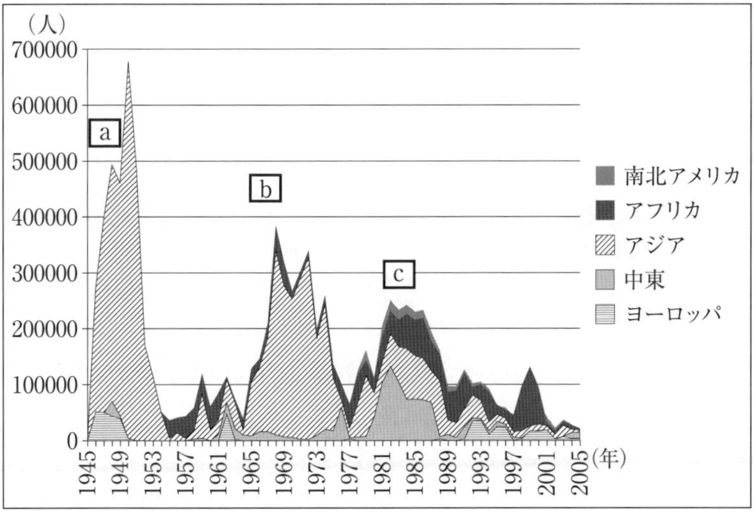

(Peace Research Institute Oslo，The Battle Deaths Dataset version 2.0，Yearly Total Battle Deaths より作成)

□ **問1**　会話文中の空欄 ア に入れる文**あ・い**と，冷戦の時代の初期におけるヨーロッパでの下線部ⓐの対立を表した図Ⅰ・Ⅱとの組合せとして正しいものを，後の ①～④ のうちから一つ選べ。

ア に入れる文

あ　西ドイツの警備隊員が東ベルリンへ亡命した

い　東ドイツの警備隊員が西ベルリンへ亡命した

対立を表した図（■と▨に分かれて対立）

Ⅰ

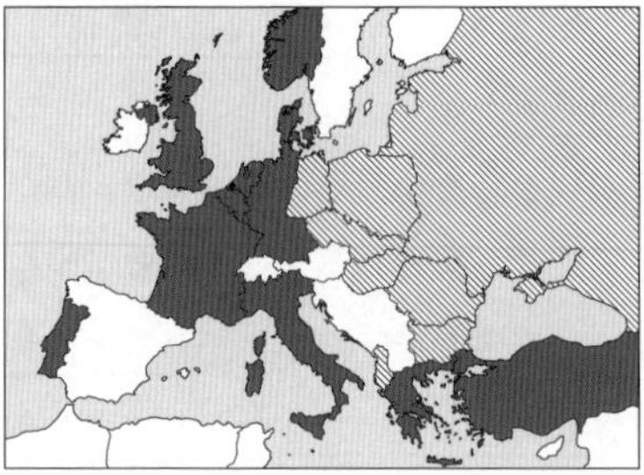

Ⅱ

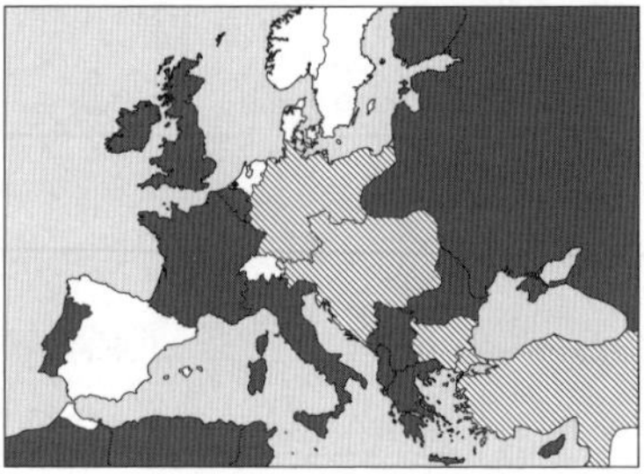

① **あ**―Ⅰ　② **あ**―Ⅱ　③ **い**―Ⅰ　④ **い**―Ⅱ

□ **問2**　下線部ⓑについて，山本さんは，「自由」が歴史上様々な意味で使われていることに興味を持ち，次の**資料4～資料7**で使われている「**自由**」の意味の解釈を試みた。資料の解釈について述べた文として**適当でないもの**を，後の ①～④ のうちから一つ選べ。

資料4　ある運動の指導者がデモ参加者に向けて行った1963年の演説

> 私には夢がある，ジョージアの赤土の丘の上で，かつての奴隷の子孫たちとかつての奴隷主の子孫たちが，友愛に固く結ばれて一つのテーブルを囲む，そんな日が来るという夢が。（略）**自由**の鐘を鳴り響かせることができたとき，（略）神が創り給うた子供たち全てが（略）手と手を取り合う日が訪れるのを早めることができるのです。

資料 5　1911 年発刊の文芸雑誌の創刊号に発表された文章

> 元始，女性は太陽であった。真正の人であった。今，女性は月である。(略) **自由**解放！　女性の**自由**解放という声はずいぶん久しい前から私たちの耳もとにざわめいている。(略)それでは私の願う真の**自由**解放とは何だろう。言うまでもなく，潜んでいる天賦の才を，偉大な潜在能力を，十二分に発揮させることにほかならない。

資料 6　ある議会で 1789 年に採択された宣言

> 国民議会を構成するフランス人民の代表者たちは，(略)人間の持つ譲渡不可能かつ神聖な自然権を荘重な宣言によって提示することを決意した。(略)
>
> 第一条　人間は**自由**で権利において平等なものとして生まれ，かつ生き続ける。

資料 7　ある政治結社の指導者が行った 1942 年の演説

> (略)私はどこに向かったらいいのか，そして 4 億のインド人をどこに導いたらいいのか。(略) もし彼らの目に輝きがもたらされるとすれば，**自由**は明日ではなく今日来なければならない。それゆえ私は「行動か死か」を会議派に誓い，会議派は自らにそれを誓った。

① 「自由」を，主に一党独裁体制の打倒という意味で使っていると考えられる資料がある。

② 「自由」を，主に人種差別の撤廃という意味で使っていると考えられる資料がある。

③ 「自由」を，主に性差別の克服という意味で使っていると考えられる資料がある。

④ 「自由」を，主に植民地支配からの独立という意味で使っていると考えられる資料がある。

□ **問3**　会話文中と**資料**2の空欄 **イ** に入れる語**う・え**と，**資料**2の指令が出された背景として**適当でない**と考えられる出来事**A～D**との組合せとして正しいものを，後の ①～⑧ のうちから一つ選べ。

イ に入れる語　　**う**　国家主義者　　　　**え**　共産主義者

背景として適当でないと考えられる出来事

A　コミンフォルムの結成　　　　**B**　中華人民共和国の成立

C　日韓基本条約の締結　　　　**D**　ソ連の核兵器保有

① **う―A**　② **う―B**　③ **う―C**　④ **う―D**

⑤ **え―A**　⑥ **え―B**　⑦ **え―C**　⑧ **え―D**

□ **問4**　下線部ⓒの疑問を持った豊田さんは，先生が示した**資料**3を基に追究し，分かったことを次の**メモ**にまとめた。**メモ**中の空欄 **ウ** に入れる語句**お～き**と，空欄 **エ** に入れる文**X・Y**との組合せとして正しいものを，後の ①～⑥ のうちから一つ選べ。

メ　モ

> **資料**3中，**ウ** における死者数の多くは，ある地域の紛争に対し，アメリカ合衆国が北爆によって本格的な軍事介入を始めた戦争によるものと思われる。この戦争で，米ソは直接衝突していない。また，この戦争は日本にも影響を及ぼし，**エ**。

ウ に入れる語句

お　aの時期のアジア　**か**　bの時期のアジア　**き**　cの時期の中東

エ に入れる文

X　国内でこの戦争に反対する運動が広がる一方，米軍基地の継続使用を条件として，沖縄の施政権がアメリカ合衆国から返還された

Y　国際貢献に対する国内外の議論の高まりを受けて，国連平和維持活動等協力法（PKO協力法）が成立した

① **ウ―お　エ―X**　　② **ウ―お　エ―Y**

③ **ウ―か　エ―X**　　④ **ウ―か　エ―Y**

⑤ **ウ―き　エ―X**　　⑥ **ウ―き　エ―Y**

□ **問5** 下線部ⓓに関連して，東西両陣営の経済力について表した次の**資料8**は，アメリカ合衆国，ソ連・ロシア，日本のそれぞれの国の一人当たりGDPを示したものである。**資料8**のグラフに該当する国について述べた文として最も適当なものを，後の ①～④ のうちから一つ選べ。

資料8 3国の一人当たりGDP

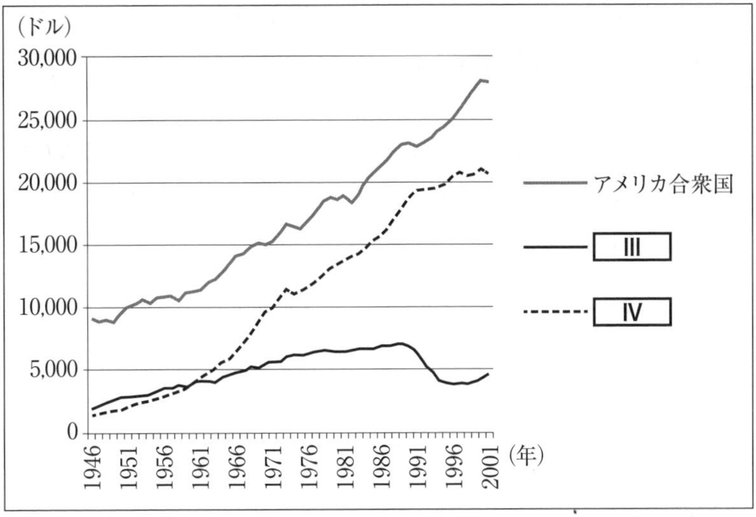

(Angus Maddison, The World Economy (Academic Foundation, 2007), Volume 2 より作成)

① Ⅲのグラフにおける1990年代前半の急激な下降は，バブル経済の崩壊によるものと考えられるので，Ⅲは日本である。

② Ⅲのグラフにおける1990年代の急激な下降と緩やかな上昇は，天安門事件に対する経済制裁と改革開放政策の推進によるものと考えられるので，Ⅲはソ連・ロシアである。

③ Ⅳのグラフにおける1950年代後半から1970年代前半にかけての著しい上昇は，高度成長期に相当すると考えられるので，Ⅳは日本である。

④ Ⅳのグラフにおける1950年代以降の上昇は，アメリカ合衆国との競合の過程に相当し，1990年代前半の上昇の鈍化は，体制の崩壊によるものと考えられるので，Ⅳはソ連・ロシアである。

解答・解説：別冊 p.10

1 先史の世界・古代オリエント世界

□ **問1** 「宗派」に関連して，新宗教や新宗派について述べた文として正しいものを，次の ①～④ のうちから一つ選べ。 (2016 本試)

① アメンホテプ4世は，独自の一神教を創始した。

② バーブ教は，イル＝ハン国によって弾圧された。

③ ツヴィングリは，プラハで宗教改革に着手した。

④ 白蓮教は，明代末期に消滅した。

□ **問2** 「パルティア」の国の歴史について述べた文として**誤っているもの**を，次の ①～④ のうちから一つ選べ。 (2015 本試)

① クテシフォンを都とした。

② 中国では，安息と呼ばれた。

③ ダレイオス1世の時代に，最盛期を迎えた。

④ ササン朝に滅ぼされた。

□ **問3** 「南海貿易」に関連して，世界史上の交易について述べた文として**誤っているもの**を，次の ①～④ のうちから一つ選べ。 (2015 本試)

① アラム人は，海上交易で活躍した。

② ガーナ王国は，金と塩（岩塩）を交換する交易を行った。

③ マラッカ王国は，海上交易で栄えた。

④ メッカは，隊商交易で栄えた。

□ **問4** ユダヤ教について述べた文として適当なものを，次の ①～④ のうちから一つ選べ。 (2017 試行)

① 火を尊び，善悪二元論を唱えた。

② 『旧約聖書』と『新約聖書』を聖典としている。

③ 輪廻転生の考え方に立ち，そこからの解脱を説いた。

④ 神によって選ばれた民として救済されるという，選民思想を持つ。

□ **問5** 「王朝の興亡」について述べた文として正しいものを，次の ①～④ のうちから一つ選べ。 (2017 追試)

① バラ戦争の結果，テューダー朝が滅亡した。

② アユタヤ朝は，トゥグルク朝によって滅ぼされた。

③ ブワイフ朝は，エジプトに成立した。

④ アムル人が，古バビロニア王国(バビロン第1王朝)を建設した。

□ **問6** 筆記や記録の媒体について述べた文として**誤っているもの**を，次の ①～④ のうちから一つ選べ。 (2016 追試)

① インダス文字が，印章に刻まれた。

② 楔形文字が，粘土板に刻まれた。

③ 僭主になるおそれのある人の名が，陶片(オストラコン)に記された。

④ 「死者の書」が，竹簡に記された。

□ **問7** イランにおけるキリスト教の歴史について述べた文として最も適当なものを，次の ①～④ のうちから一つ選べ。 (2022 本試)

① サファヴィー朝の国教となった。

② ネストリウス派が伝わった。

③ カニシカ王が保護した。

④ イスラーム教と融合して，シク教となった。

□ **問8** 「碑文」について述べた次の文 **a** と **b** の正誤の組合せとして正しいものを，下の ①～④ のうちから一つ選べ。 (2015 追試)

a ハンムラビ法典には，神聖文字が使用されている。

b ロゼッタ＝ストーンの一部には，ギリシア文字が使用されている。

① **a**—正 **b**—正　② **a**—正 **b**—誤

③ **a**—誤 **b**—正　④ **a**—誤 **b**—誤

解答・解説：別冊 p.12

2 古代ギリシア世界とヘレニズム時代

□ **問1**　「地中海世界」に関連して，シドンやティルスを拠点として古代地中海世界で広く交易に従事した人々の名と，その勢力範囲を示す次の地図中の **a** または **b** との組合せとして正しいものを，下の ①～④ のうちから一つ選べ。

(2017 追試)

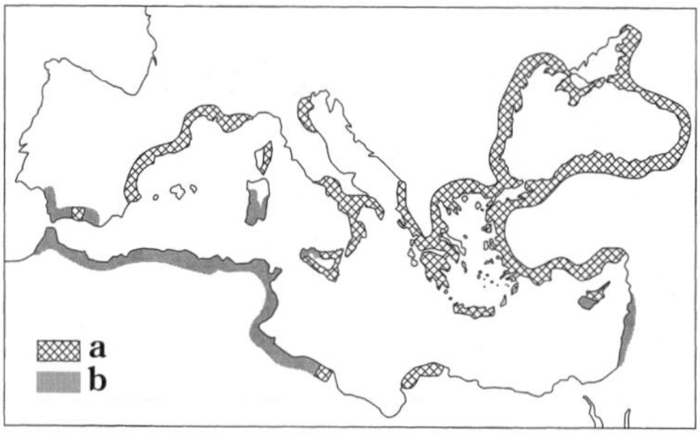

① ギリシア人―**a**

② ギリシア人―**b**

③ フェニキア人―**a**

④ フェニキア人―**b**

□ **問2**　「テミストクレスの活躍と時を同じくして最高度の輝きを放った」時期のアテネについて説明している文として最も適当なものを，次の ①～④ のうちから一つ選べ。

(2018 試行)

① 国を二分した内戦の中で，奴隷解放宣言が出された。

② 市民を債務奴隷にすることが禁じられるとともに，財産政治が導入された。

③ 戦車と鉄製の武器を用いて，オリエントを統一した。

④ 軍船の漕ぎ手として活躍した下層市民が，政治的発言力を強めた。

□ **問3**　世界史上の議会や集会について述べた文として正しいものを，次の ①～④ のうちから一つ選べ。

(2017 本試)

① フランクフルト国民議会で，メッテルニヒが失脚した。

② アテネで，成年男性市民による民会が開催された。

③ フランスで，模範議会が開催された。

④ ハンガリーで，ドゥーマが開設された。

□ **問4**　「バルカン半島南部」の地域について述べた次の文 **a** と **b** の正誤の組合せとして正しいものを，下の ①～④ のうちから一つ選べ。　(2016 本試)

a　テミストクレスが，サラミスの海戦で，アケメネス朝を破った。

b　フィリッポス 2 世が，カイロネイアの戦いで，スパルタを破った。

① **a**—正　**b**—正　② **a**—正　**b**—誤

③ **a**—誤　**b**—正　④ **a**—誤　**b**—誤

□ **問5**　自然哲学や薬学について述べた次の文 **a** と **b** の正誤の組合せとして正しいものを，下の ①～④ のうちから一つ選べ。　(2017 本試)

a　タレスは，万物の根源を水だと考えた。

b　宋応星が，『本草綱目』を著した。

① **a**—正　**b**—正　② **a**—正　**b**—誤

③ **a**—誤　**b**—正　④ **a**—誤　**b**—誤

□ **問6**　学問の拠点について述べた文として正しいものを，次の ①～④ のうちから一つ選べ。　(2017 追試)

①　イギリスのボローニャ大学は，法学で有名であった。

②　宰相マザランが，アカデミー＝フランセーズ(フランス学士院)を創設した。

③　アッバース朝は，カイロにアズハル学院を創設した。

④　プトレマイオス朝は，アレクサンドリアにムセイオン(王立研究所)を創設した。

□ **問7**　古代地中海世界における戦争やその記録について述べた文として正しいものを，次の ①～④ のうちから一つ選べ。　(2017 追試)

①　ヘシオドスが，ペルシア戦争について叙述した。

②　トゥキディデス(トゥキュディデス)が，ペロポネソス戦争について叙述した。

③　タキトゥスが，『対比列伝』(『英雄伝』)を著した。

④　キケロが，『ガリア戦記』を著した。

解答・解説：別冊 p.14

3 ローマ世界とキリスト教

□ **問1**　「古代ローマ」の政治体制について述べた文として最も適当なものを，次の ①～④ のうちから一つ選べ。（2017 本試）

① 王政期には，エトルリア人の王が存在した。

② 共和政期には，平民(プレブス)が，要職を独占した。

③ コンスタンティヌス帝の下で，帝政が始まった。

④ ユスティニアヌス帝の死後，帝国が東西に分裂した。

□ **問2**　「身分」について述べた文として正しいものを，次の ①～④ のうちから一つ選べ。（2016 追試）

① ササン朝ペルシアには，ヴァルナと呼ばれる身分制度があった。

② 陳朝には，骨品制と呼ばれる身分制度があった。

③ 共和政ローマでは，ホルテンシウス法によって，平民の地位が向上した。

④ 元では，家臣が卿・大夫・士という身分に分けられた。

□ **問3**　ローマ共和政末期の政治状況について述べた次の文章中の空欄［ア］と［イ］に入れる語の組合せとして正しいものを，下の ①～④ のうちから一つ選べ。（2014 追試）

オクタヴィアヌス(オクタウィアヌス)は［ア］らと同盟し，第2回三頭政治を行った。しかし，やがて［ア］は，エジプトの［イ］と結んでオクタヴィアヌスと対立した。

① **ア**―アントニウス　**イ**―アメンホテプ4世

② **ア**―アントニウス　**イ**―クレオパトラ

③ **ア**―ハドリアヌス　**イ**―アメンホテプ4世

④ **ア**―ハドリアヌス　**イ**―クレオパトラ

□ **問 4**　「ローマ王政期」について述べた文として最も適当なものを，次の ①～④ のうちから一つ選べ。 (2022 追試)

① 十二表法が公開された。　② コンスルが，政治を主導した。

③ コロッセウムが建設された。　④ 最後の王はエトルリア人であった。

□ **問 5**　「ローマ帝国の衰退」に関連して，西ローマ帝国を滅ぼした人物の名として正しいものを，次の ①～④ のうちから一つ選べ。 (2013 追試)

① アッティラ　② オドアケル

③ テオドリック　④ クローヴィス

□ **問 6**　「キリスト教」について述べた文として正しいものを，次の ①～④ のうちから一つ選べ。 (2016 本試)

① ネロ帝は，キリスト教徒を保護した。

② マニ教は，キリスト教の誕生に影響を与えた。

③ 『新約聖書』は，最初はアラビア語で記された。

④ カタコンベは，キリスト教徒によって礼拝に用いられた。

□ **問 7**　古代ギリシア・ローマ時代の宗教について述べた次の文 **a** と **b** の正誤の組合せとして正しいものを，下の ①～④ のうちから一つ選べ。 (2013 本試)

a　オリンポス 12 神は，人間と同じ姿を持つものと考えられていた。

b　マニ教は，1 世紀にローマ帝国で広まった。

① **a**―正　**b**―正　② **a**―正　**b**―誤

③ **a**―誤　**b**―正　④ **a**―誤　**b**―誤

□ **問 8**　古代ギリシア・ローマの学問や文化について述べた文として**誤っているもの**を，次の ①～④ のうちから一つ選べ。 (2013 追試)

① ヘシオドスは，『神統記』を著した。

② タレス(タレース)は，万物の根源を水と考えた。

③ タキトゥスは，『ガリア戦記』を著した。

④ アウグスティヌスは，『神の国』を著した。

解答・解説：別冊 p.16

4 アジア・アメリカの古典文明

□ **問1** 「聖典や文献」について述べた文として正しいものを，次の ①～④ のうちから一つ選べ。 (2016 追試)

① 『リグ＝ヴェーダ』は，神々への讃歌(さんか)の集成である。

② 『アヴェスター』は，パルティアの時代に編纂(へんさん)された。

③ 『資治通鑑』は，司馬遷の編纂した歴史書である。

④ 『シャー＝ナーメ(王の書)』は，サンスクリット語の叙事詩である。

□ **問2** 「インドでは，支配者による系譜作成は，グプタ朝が崩壊した6世紀半ば以降，盛んに行われるようになる。ラージプートなど新興の地方王朝がヒンドゥー教を宮廷文化として導入し，それと密接に結び付いた［ア］制度が辺境にまで波及した。この［ア］制度は，四つの身分から成り，支配者は王侯・戦士身分である［イ］の家系でなければならなかった。そのため，彼らは［イ］の家系であることを主張するために，系譜を作成するようになったのである。」

文章中の空欄［ア］と［イ］に入れる語の組合せとして正しいものを，次の ①～④ のうちから一つ選べ。 (2014 本試)

① **ア**―ジャーティ　**イ**―ヴァイシャ

② **ア**―ジャーティ　**イ**―クシャトリヤ

③ **ア**―ヴァルナ　**イ**―ヴァイシャ

④ **ア**―ヴァルナ　**イ**―クシャトリヤ

□ **問3** 世界史上の身分や社会階層について述べた文として正しいものを，次の ①～④ のうちから一つ選べ。 (2014 追試)

① フランス革命以前のフランスにおいて，平民は第二身分とされた。

② インドには，シュードラと呼ばれる隷属民が存在した。

③ ロシアには，ジェントリと呼ばれる社会層が存在した。

④ スパルタには，ペリオイコイと呼ばれる奴隷身分の人々が存在した。

□ **問4**　ジャイナ教について述べた文として最も適当なものを，次の ①～④ のうちから一つ選べ。(2022 追試)

①　カビールによって創始された。

②　苦行と不殺生を説いている。

③　ボロブドゥールが建てられた。

④　『リグ＝ヴェーダ』を含むヴェーダが聖典として編纂された。

□ **問5**　「王とその祖先の事績」に関連して，王や王朝について述べた文として正しいものを，次の ①～④ のうちから一つ選べ。(2016 追試)

①　北魏が，中国を統一した。

②　アショーカ王が，仏教に帰依した。

③　セルジューク朝が，モンゴル軍を撃退した。

④　フィリップ4世が，マグナ＝カルタを認めた。

□ **問6**　「グプタ朝」の時代の文化について述べた文として**誤っているもの**を，次の ①～④ のうちから一つ選べ。(2014 本試)

①　アジャンター石窟寺院の壁画が描かれた。

②　『ラーマーヤナ』が，現在の形にまとめられた。

③　ウパニシャッド哲学が生まれた。

④　『シャクンタラー』が書かれた。

□ **問7**　インドネシアについて述べた文として正しいものを，次の ①～④ のうちから一つ選べ。(2018 試行)

①　交易で海港都市が栄え，スワヒリ語が生まれた。

②　大乗仏教の寺院であるボロブドゥールが建設された。

③　ドンズー（東遊）運動が提唱され，日本への留学が奨励された。

④　ソ連のミサイル基地が建設され，アメリカ合衆国との間で緊張が高まった。

□ **問8**　「港市国家」に関連して，2世紀に成立し，インド文化の影響を受けた国家の名と，その位置を示す次の地図中の **a** または **b** との組合せとして正しいものを，下の ①～④ のうちから一つ選べ。　(2017本試)

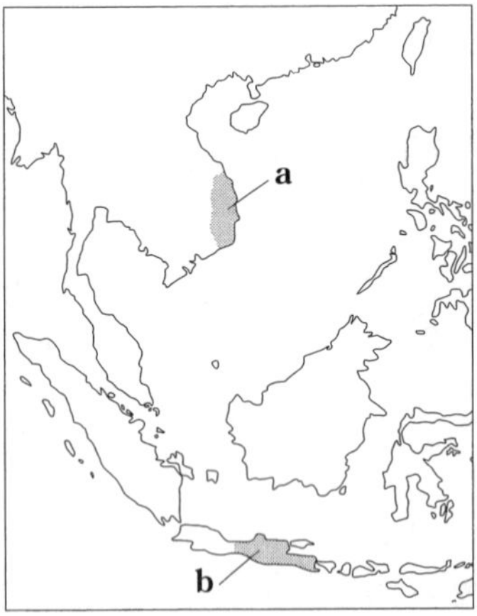

① チャンパー―― **a**

② チャンパー―― **b**

③ マタラム王国― **a**

④ マタラム王国― **b**

□ **問9**　「歴代の王やインディオの生活」に関連して，アメリカ大陸の文明について述べた次の文中の空欄 **ア** と **イ** に入れる語の組合せとして正しいものを，下の ①～④ のうちから一つ選べ。　(2016本試)

中央アメリカのユカタン半島を中心に栄えた **ア** では，精密な暦法，絵文字， **イ** に基づく数学など，独自の文化や宗教が発達した。

① **ア**―アステカ文明　**イ**―二十進法

② **ア**―アステカ文明　**イ**―六十進法

③ **ア**―マヤ文明　**イ**―二十進法

④ **ア**―マヤ文明　**イ**―六十進法

□ **問10**　宮殿や都市について述べた文として正しいものを，次の ①～④ のうちから一つ選べ。　(2016本試)

① 鎬京は，光武帝によって，都とされた。

② マチュ＝ピチュは，インカ帝国の都市である。

③ ヴェルサイユ宮殿は，ロココ様式の代表的建築である。

④ バビロンの繁栄は，「世界の半分」と讃(たた)えられた。

□ **問 11** アメリカ大陸の文明の栄えた地域を示した次の地図中の **a**～**c** と文明の名の組合せとして正しいものを，下の ①～⑥ のうちから一つ選べ。

(2014 追試)

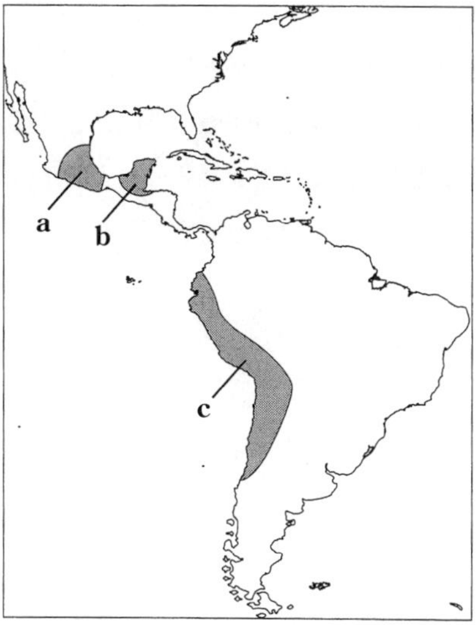

① **a**―インカ　**b**―マ　ヤ　**c**―アステカ
② **a**―インカ　**b**―アステカ　**c**―マ　ヤ
③ **a**―マ　ヤ　**b**―インカ　**c**―アステカ
④ **a**―マ　ヤ　**b**―アステカ　**c**―インカ
⑤ **a**―アステカ　**b**―インカ　**c**―マ　ヤ
⑥ **a**―アステカ　**b**―マ　ヤ　**c**―インカ

□ **問 12** 「メキシコ中央高原にも文明が誕生」について述べた文として正しいものを，次の ①～④ のうちから一つ選べ。 (2021 第 2 日程)

① 六十進法を生み出した。
② 太陽のピラミッドが建てられた。
③ 甲骨文字が使用された。
④ 遺体を「死者の書」とともに埋葬した。

解答・解説：別冊 p.18

5 中国の古典文明～秦・漢

□ **問1**　「世界遺産」について述べた文として正しいものを，次の ①～④ のうちから一つ選べ。 (2016 本試)

① 始皇帝の陵墓近くから，兵馬俑が出土した。

② ボロブドゥールは，ヒンドゥー教の寺院として造られた。

③ アルハンブラ宮殿は，ビザンツ様式の代表的建築である。

④ 北京の紫禁城は，宋の皇帝の宮殿であった。

□ **問2**　各国の地方行政について述べた文として**誤っているもの**を，次の ①～④ のうちから一つ選べ。 (2016 追試)

① ビザンツ帝国は，軍管区の司令官に軍事・行政権を与えた。

② フランク王国は，各地に伯を置いた。

③ 秦では，節度使が軍閥化し，各地に割拠した。

④ 契丹(遼)は，遊牧民と農耕民とを，異なる制度の下で支配した。

□ **問3**　国家の統治制度や軍事制度について述べた次の文 **a** と **b** の正誤の組合せとして正しいものを，下の ①～④ のうちから一つ選べ。 (2017 本試)

a　モスクワ大公国では，プロノイア制が用いられた。

b　漢の高祖は，郡国制を採用した。

① **a**―正　**b**―正　② **a**―正　**b**―誤

③ **a**―誤　**b**―正　④ **a**―誤　**b**―誤

□ **問4**　「前漢」の王朝の制度について述べた次の文 **a** と **b** の正誤の組合せとして正しいものを，下の ①～④ のうちから一つ選べ。 (2015 追試)

a　三省六部を置いた。

b　郡国制を敷いた。

① **a**―正　**b**―正　② **a**―正　**b**―誤

③ **a**―誤　**b**―正　④ **a**―誤　**b**―誤

□ **問5** 次の『史記』に見える始皇帝死亡時の逸話について，その概要をまとめた文章中の空欄［ア］に入れる人物の名**あ**～**う**と，その人物が統治のために重視したこと**X**～**Z**との組合せとして正しいものを，下の ①～⑥ のうちから一つ選べ。 (2021 第1日程)

> 領土を視察する旅の途中で，皇帝は病に倒れる。彼は死の直前，長男の扶蘇(ふそ)を跡継ぎにすると決め，扶蘇に遺言を残すが，それを預かった近臣は大臣の［ア］と謀り，遺言を偽造して胡亥(こがい)という別の子を立てる。(『史記』)

［ア］に入れる人物の名

あ 孟　子　　**い** 張　儀　　**う** 李　斯

統治のために重視したこと

X 家族道徳を社会秩序の規範とすること

Y 血縁を越えて無差別に人を愛すること

Z 法律による秩序維持を通じて，人民を支配すること

① **あ―X**　② **い―Y**　③ **う―Z**
④ **あ―Z**　⑤ **い―X**　⑥ **う―Y**

□ **問6** 「2世紀」の時期の出来事について述べた文として正しいものを，次の ①～④ のうちから一つ選べ。 (2015 本試)

① ハルシャ＝ヴァルダナが，北インドを統一した。
② 赤眉の乱が起こった。
③ ローマ帝国で，キリスト教が公認された。
④ 大秦王安敦の使者と称する者が，日南郡(現在のベトナム中部)に到着した。

□ **問7** 「初代ローマ皇帝アウグストゥスが著した業績録」の著作よりも前の時期に著された書物の名として正しいものを，次の ①～④ のうちから一つ選べ。 (2015 追試)

① 『史記』　② 『自省録』　③ 『三大陸周遊記』　④ 『神の国』

解答・解説：別冊 p.20

6 東アジア文化圏の形成（魏晋南北朝～隋・唐）

□ **問1**　中国の官僚制について述べた次の文章中の空欄 **ア** と **イ** に入れる語の組合せとして正しいものを，下の ①～④ のうちから一つ選べ。

(2017 追試)

魏が官僚登用制として導入した **ア** は，有力豪族による高級官職の独占を招いた。 **イ** はこれに代えて科挙を創設し，試験による幅広い人材の登用を図った。

① **ア**―郷挙里選　**イ**―隋
② **ア**―郷挙里選　**イ**―元
③ **ア**―九品中正（九品官人法）　**イ**―隋
④ **ア**―九品中正（九品官人法）　**イ**―元

□ **問2**　「魏晋南北朝時代」について述べた文として正しいものを，次の ①～④ のうちから一つ選べ。　(2017 追試)

① 法顕が，『仏国記』を著した。
② 蜀が，呉を滅ぼした。
③ 司馬睿が，洛陽に遷都した。
④ 寇謙之が，道教に対抗した。

□ **問3**　「遊牧民」について述べた文として正しいものを，次の ①～④ のうちから一つ選べ。　(2016 本試)

① 突厥は，劉邦を破って，漢を圧迫した。
② 鮮卑が，北魏を建てた。
③ 契丹（キタイ）は，キリル文字を作った。
④ イル＝ハン国は，ガザン＝ハンが建国した。

□ **問4**　西域から中国へ渡来し，仏教の経典の翻訳や布教に従事した人の名として正しいものを，次の ①～④ のうちから一つ選べ。　(2015 追試)

① 王羲之　② 蔡　倫　③ 鳩摩羅什　④ 張　騫

□ **問5**　「中国では，乾燥した北部と湿潤な南部の隔たりが大きかったが，隋唐期を境に両者の統合が強められていく。その基盤となったのが，隋の進めた **ア** に他ならない。」

文章中の空欄 **ア** に入れる語と，その位置を示す次の地図中の **a** または **b** との組合せとして正しいものを，下の ①～④ のうちから一つ選べ。（2017 本試）

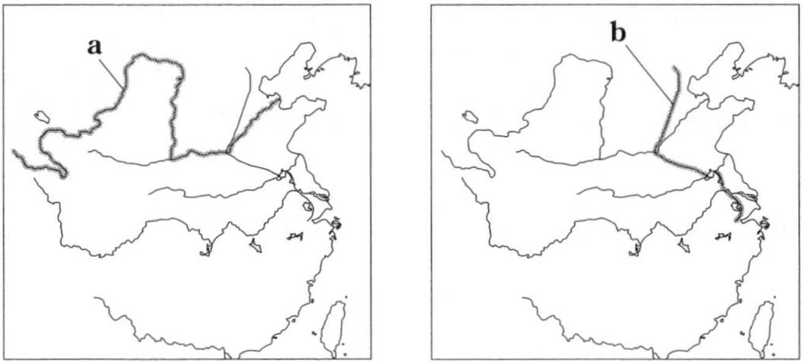

①　黄河の治水― **a**　　②　黄河の治水― **b**

③　大運河の建設― **a**　　④　大運河の建設― **b**

□ **問6**　「南朝の文化は，その後も中国文化の基層となった」について述べた文として最も適当なものを，次の ①～④ のうちから一つ選べ。（2022 試作）

①　自然現象を，神話的解釈ではなく，合理的な思考で理解しようとする思想が発展した。

②　旧来の倫理・道徳を批判する，白話を用いた文学作品が登場した。

③　天文学や医学など諸学問が発達し，数学の分野ではゼロの概念が生み出された。

④　対句を駆使する華麗な文体の文章が流行し，詩文集が編纂（へんさん）された。

□ **問7**　中国と朝鮮との関係の歴史について述べた文として最も適当なものを，次の ①～④ のうちから一つ選べ。（2022 本試）

①　唐が，朝鮮北部に楽浪郡を置いた。

②　隋が，高句麗に遠征軍を送った。

③　清が，南京条約で朝鮮の独立を認めた。

④　朝鮮が，明で創始された科挙を導入した。

□ **問8**　「唐代中後期」の時期に起こった出来事について述べた文として正しいものを，次の ①～④ のうちから一つ選べ。　(2017 本試)

① 五胡と総称される諸民族が，華北で勢力を広げた。

② 傭兵を用いる募兵制が導入された。

③ 康熙帝が，ジュンガルと戦った。

④ ロシアが，沿海州を獲得した。

□ **問9**　楊貴妃の一族が［ア］の晩年に政治の実権を握った。文章中の空欄［ア］の人物の治世に中国で起こった出来事について述べた文として最も適当なものを，次の ①～④ のうちから一つ選べ。　(2023 追試)

① 府兵制に変わって募兵制が採用された。

② 塩の密売人の黄巣が反乱を起こした。

③ 焚書・坑儒が行われた。

④ 新法党と旧法党との対立が起こった。

□ **問10**「江南」に関連して，長江下流域の歴史について述べた文として波線部が**誤っているもの**を，次の ①～④ のうちから一つ選べ。　(2013 追試)

① 三国時代に，呉が都を置いた。

② 唐代に，綿織物業が盛んになった。

③ 宋代に，「蘇湖熟すれば天下足る」と称されるようになった。

④ 20 世紀前半に，南京に国民政府が立てられた。

□ **問11**「［ア］が起こると，唐の支配体制は根底から揺り動かされた。反乱軍から唐に降(くだ)った節度使の［イ］により，907 年，唐は滅ぼされた。」

文章中の空欄［ア］と［イ］に入れる語の組合せとして正しいものを，次の ①～④ のうちから一つ選べ。　(2014 本試)

① **ア**―呉楚七国の乱　**イ**―張　角

② **ア**―呉楚七国の乱　**イ**―朱全忠

③ **ア**―黄巣の乱　**イ**―張　角

④ **ア**―黄巣の乱　**イ**―朱全忠

□ **問 12**「仏教」について述べた文として**誤っているもの**を，次の ①～④ のうちから一つ選べ。 (2016 本試)

① アユタヤ朝では，上座部仏教が信仰された。

② 玄奘が，モンゴルから仏典を持ち帰った。

③ シュリーヴィジャヤで，仏教が栄えた。

④ 高麗で，大蔵経が刊行された。

□ **問 13** 次の文章は，「ある国」について述べたものである。「ある国」の名と文章中の空欄 **ア** に入れる文との組合せとして正しいものを，下の ①～④ のうちから一つ選べ。(引用文には，省略したり，改めたりしたところがある。) (2021 第 2 日程)

中国の歴史書はこの国が冊封された経緯を次のように伝える。

「この国の創始者は勇敢で用兵が巧みだったので，靺鞨(まっかつ)の人々や高句麗の遺民が徐々にこれに帰属した。その領土は営州の東方 2 千里のところにあり，南は新羅と接していた。睿宗(えいそう)の先天 2 年，使者を派遣して彼を冊封した。これ以降，この国は毎年使者を送って朝貢するようになった。」

この国は積極的に中国文化を摂取し，**ア**。しかし年号は中国のものを用いず，自立の姿勢を維持した。

① **国名** 遼 **ア**―骨品制という身分制度を敷いた

② **国名** 遼 **ア**―碁盤目状の都城を造営した

③ **国名** 渤 海 **ア**―骨品制という身分制度を敷いた

④ **国名** 渤 海 **ア**―碁盤目状の都城を造営した

解答・解説：別冊 p.22

大学入学共通テスト①

A　ある大学のゼミで，学生たちが，「中国史の中の女性」というテーマで議論をしている。（引用文には，省略したり，改めたりしたところがある。）

（2023 本試）

藤　田：次の**資料**は，顔之推（がんしすい）が6世紀後半に著した『顔氏家訓（がんしかくん）』という書物の一節で，彼が見た分裂時代の女性の境遇について述べています。

資　料

> 南方の女性は，ほとんど社交をしない。婚姻を結んだ家同士なのに，十数年経っても互いに顔を合わせたことがなく，ただ使者を送って贈り物をし，挨拶を交わすだけで済ませるということさえある。
>
> これに対し，北方の習慣では，家はもっぱら女性によって維持される。彼女らは訴訟を起こして是非を争い，有力者の家を訪れては頼み込みをする。街路は彼女たちが乗った車であふれ，役所は着飾った彼女たちで混雑する。こうして彼女たちは息子に代わって官職を求め，夫のためにその不遇を訴える。これらは，平城に都が置かれていた時代からの習わしであろうか。

山　口：中国には，「牝鶏（めんどり）が朝（あした）に鳴く」ということわざがあり，女性が国や家の事に口出しするのは禁忌であったと聞きます。**資料**の後半に書かれているように，女性が活発な状況が現れた背景は，いったい何でしょうか。

藤　田：著者の推測に基づくなら，［　ア　］に由来すると考えられます。

中　村：あっ！ ひょっとして，この時代の北方の状況が，中国に女性皇帝が出現する背景となったのでしょうか。

先　生：中村さんがそのように考える根拠は何ですか。

中　村：ええと，それは［　　イ　　］からです。

先　生：ほう，よく知っていますね。

山　口：**資料**にあるような女性の活発さが，後に失われてしまうのはなぜでしょうか。

藤　田：ⓐこの時代以降の儒学の普及とともに，**資料**中の南方の女性のような振る舞いが模範的とされていったためと考えられます。

□ **問1**　文章中の空欄 **ア** に入れる語句として最も適当なものを，次の ①〜④ のうちから一つ選べ。

① 西晋を滅ぼした匈奴の風習

② 北魏を建国した鮮卑の風習

③ 貴族が主導した六朝文化

④ 隋による南北統一

□ **問2**　文章中の空欄 **イ** に入れる文として最も適当なものを，次の ①〜④ のうちから一つ選べ。

① 唐を建てた一族が，北朝の出身であった

② 唐で，政治の担い手が，古い家柄の貴族から科挙官僚へ移った

③ 隋の大運河の完成によって，江南が華北に結び付けられた

④ 北魏で，都が洛陽へと移され，漢化政策が実施された

□ **問3**　下線部ⓐについて述べた文として最も適当なものを，次の ①〜④ のうちから一つ選べ。

① 世俗を超越した清談が流行した。

② 董仲舒の提案により，儒学が官学とされた。

③ 寇謙之が教団を作り，仏教に対抗した。

④ 『五経正義』が編纂(へんさん)された。

B　次の**資料1**は，ローマ帝国において，告発されたキリスト教徒への対応をめぐり属州総督と皇帝との間で交わされた書簡である。 (2022 試作)

資料1

> （皇帝に宛てた属州総督の書簡）「私はキリスト教徒裁判には全く関わったことがありませんでした。したがって何が，どの程度罰せられるのか，あるいは審問されるのが常なのか，私は知りません。（中略）私は急いであなたに相談することにしました。なぜならば特に裁判を受ける人々が多数に及ぶため，私にはこれが相談に値することであるように思われたからです」
> （皇帝の回答）「キリスト教徒として訴えられた者たちの件を審理するに当たり，君はなすべきことを正しく行った。なぜならば，これに関しては，いわば確定した形式を持つようなあるものを，一般に制定することはできないからである。彼らは捜索されるべきではない。（中略）署名なしに提出された告発状は，いかなる犯罪についても受理されるべきではない」

この書簡のやり取りは，ローマ帝国の最大版図を達成した［ア］の時代のものである。告発されたキリスト教徒への対応に苦慮した属州総督は，彼らの行状を調査した上で，皇帝に対応策を問い合わせた。この**資料1**に見られるような皇帝の姿勢もあってキリスト教徒は次第にその数を増し，4世紀末には，ⓐ<u>当時ローマ帝国内で見られた他の宗教</u>を抑えて，事実上，国教の地位を獲得した。その結果，ⓑ<u>ローマ帝国による地中海支配の終焉（しゅうえん）</u>後も，キリスト教はヨーロッパを中心に大きな影響を持ち続けることになった。

□ **問1**　文章中の空欄［ア］に入る皇帝の名**あ・い**と，**資料1**から読み取れる皇帝のキリスト教徒に対する姿勢**X・Y**との組合せとして正しいものを，後の ①～④ のうちから一つ選べ。

皇帝の名

あ　アウグストゥス　　　**い**　トラヤヌス帝

資料１から読み取れる皇帝の姿勢

X　皇帝は，キリスト教徒に対する告発を抑制しようとしている。

Y　皇帝は，キリスト教徒を徹底的に弾圧するよう命じている。

① **あ—X**　② **あ—Y**

③ **い—X**　④ **い—Y**

□ **問２**　下線部ⓐのいずれかについて述べた文として最も適当なものを，次の ①～④ のうちから一つ選べ。

① ゾロアスター教・仏教・キリスト教の要素を融合した。

② ナーナクが創始した。

③ ボロブドゥール寺院を造営した。

④ 六信五行が義務とされた。

□ **問３**　下線部ⓑについて議論する場合，異なる見方**あ**・**い**と，それぞれの根拠となり得る出来事として最も適当な文**W**～**Z**との組合せとして正しいものを，後の ①～④ のうちから一つ選べ。

異なる見方

あ　ローマ帝国による地中海地域の統一は，ゲルマン人の大移動で終焉を迎えた。

い　ローマ帝国による地中海地域の統一は，イスラームの勢力拡大で終焉を迎えた。

それぞれの根拠となり得る出来事

W　タキトゥスが，『ゲルマニア』を著した。

X　オドアケルが，西ローマ皇帝を廃位した。

Y　イスラーム勢力が，西ゴート王国を滅ぼした。

Z　イスラーム勢力が，ニハーヴァンドの戦いで勝利した。

① **あ—W　い—Y**　② **あ—W　い—Z**

③ **あ—X　い—Y**　④ **あ—X　い—Z**

解答・解説：別冊 p.24

7 イスラーム世界の形成

□ **問1** 「イスラーム教」について述べた次の文 **a** と **b** の正誤の組合せとして正しいものを，下の ①〜④ のうちから一つ選べ。 (2013 本試)

a 『コーラン(クルアーン)』は，イスラーム教の聖典である。

b ムハンマドは，メッカにヒジュラ(聖遷)を行った。

① **a**—正 **b**—正　② **a**—正 **b**—誤
③ **a**—誤 **b**—正　④ **a**—誤 **b**—誤

□ **問2** 「預言者ムハンマド」に関連して，次の地図中に記された **a**〜**d** のうち，迫害を逃れたムハンマドがイスラーム教徒(ムスリム)の共同体(ウンマ)を建設した都市の位置として正しいものを，下の ①〜④ のうちから一つ選べ。 (2014 本試)

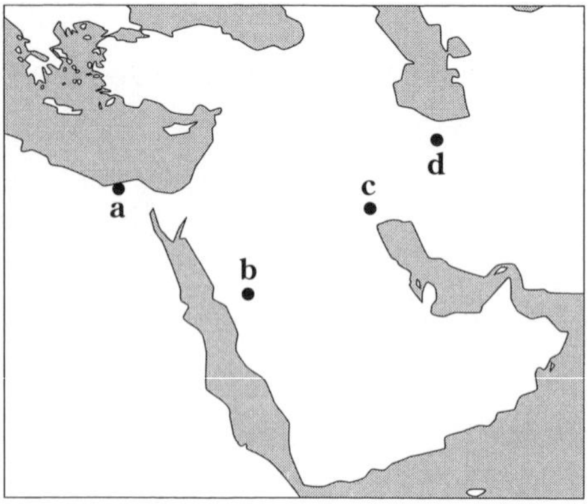

① **a**
② **b**
③ **c**
④ **d**

□ **問3** 9世紀にイランでは，イスラーム教に改宗する人が増加した。その背景として，アッバース朝の下で起こった出来事の影響が考えられる。その出来事について述べた文として最も適当なものを，次の ①〜④ のうちから一つ選べ。 (2022 本試)

① バーブ教徒の反乱が鎮圧された。
② ダレイオス１世によって，ペルセポリスの建設が始められた。
③ アフガーニーによって，パン＝イスラーム主義が唱えられた。
④ アラブ人の特権が廃止され，イスラーム教徒平等の原則が確立された。

□ **問4**　イスラーム世界の君主について述べた文として正しいものを，次の ①～④ のうちから一つ選べ。　(2016 本試)

①　アッバース朝のカリフを，正統カリフと呼ぶ。

②　シャーは，もともと古代エジプトの君主の称号であった。

③　スルタンという称号は，マムルーク朝によって初めて用いられた。

④　ファーティマ朝の君主は，カリフを称した。

□ **問5**　「土地の管理や租税徴収」について述べた文として最も適当なものを，次の ①～④ のうちから一つ選べ。　(2017 本試)

①　コロナートゥス(コロナトゥス)は，共和政ローマで広まった。

②　イクター制は，ブワイフ朝で初めて実施された。

③　均田制は，元で創始された。

④　ティマール制は，セルジューク朝で施行された。

□ **問6**　ユダヤ教・キリスト教・イスラーム教の聖地である［ ア ］の都市の歴史について述べた文として正しいものを，次の ①～④ のうちから一つ選べ。

(2021 第 2 日程)

①　後ウマイヤ朝が，首都を置いた。

②　ファーティマ朝が，首都を置いた。

③　岩のドームが建設された。

④　カーバ神殿が建設された。

□ **問7**　「アフリカ」の歴史について述べた文として正しいものを，次の ①～④ のうちから一つ選べ。　(2017 本試)

①　ニジェール川流域で，モノモタパ王国が栄えた。

②　クフ王のもとで，アマルナ美術が栄えた。

③　ベルベル人の間で，イスラーム教への改宗が進んだ。

④　マダガスカルが，ドイツの植民地となった。

解答・解説：別冊 p.26

8 イスラーム世界の発展と文明

□ **問1**　イスラーム教やムスリムの歴史について述べた文として最も適当なものを，次の ①～④ のうちから一つ選べ。　(2013 追試)

① イスラーム教を奉じるガーナ王国が，ムラービト朝を征服した。

② ナーランダー僧院で，教義研究が盛んに行われた。

③ アラブ人ムスリムによって，各地にミスル(軍営都市)が築かれた。

④ 中国に伝わったイスラーム教は，祆教と呼ばれた。

□ **問2**　ムスリムの君主や王朝について述べた文として正しいものを，次の ①～④ のうちから一つ選べ。　(2017 本試)

① アイバクが，カージャール朝を創始した。

② サラディン(サラーフ＝アッディーン)が，イェルサレムを奪回した。

③ ムワッヒド朝が，アナトリアに進出した。

④ アチェ王国が，セイロン島に建てられた。

□ **問3**　イスラーム社会の公共施設について述べた次の文 **a** と **b** の正誤の組合せとして正しいものを，下の ①～④ のうちから一つ選べ。　(2015 追試)

a　ワクフ(ワクフ制度)は，モスクなどの宗教・公共施設の運営を支えている。

b　マドラサは，イスラーム教の法学や神学を学ぶ施設である。

① **a**―正　**b**―正　　② **a**―正　**b**―誤

③ **a**―誤　**b**―正　　④ **a**―誤　**b**―誤

□ **問4**　サハラ貿易で栄えていたトンブクトゥのある，ニジェール川流域について述べた文として最も適当なものを，次の ①～④ のうちから一つ選べ。

(2018 試行)

① 生糸と銀の貿易で栄えた。

② 金と塩(岩塩)の貿易が行われた。

③ 毛皮と薬用人参が主な貿易品だった。

④ 香辛料を求めて，ヨーロッパ人が進出した。

□ **問5** 「イスラーム神秘主義」を表す語として正しいものを，次の ①～④ のうちから一つ選べ。 (2014 本試)

① ジハード　② バクティ
③ スーフィズム　④ シャリーア

□ **問6** イスラーム文化と他文化との交流について述べた文として**誤っているもの**を，次の ①～④ のうちから一つ選べ。 (2016 追試)

① イブン＝ルシュドは，ギリシア哲学を研究した。
② 『千夜一夜物語』は，イランを起源とする物語を含んでいる。
③ ゼロの概念は，イスラーム世界からインドに伝わった。
④ アラビア語の文献は，トレドなどでラテン語に翻訳された。

□ **問7** 「交易」について述べた文として正しいものを，次の ①～④ のうちから一つ選べ。 (2016 追試)

① フェニキア人は，ダマスクスを拠点として交易活動を行った。
② 『エリュトゥラー海案内記』は，エーゲ海交易について記している。
③ トンブクトゥは，西アフリカの交易の中心都市であった。
④ スパルタでは，ヘイロータイが交易に従事した。

□ **問8** 「北イタリア諸都市の商人が，それぞれの都市を拠点に広く活動し，またムスリム商人も，地中海を含め，広範囲に活躍していた」について述べた文として最も適当なものを，次の ①～④ のうちから一つ選べ。 (2023 追試)

① イタリアの諸都市は，東方貿易によって主に木材などの生活必需品を取引した。
② 第４回十字軍は，ジェノヴァ商人の要求により，コンスタンティノープルを攻撃した。
③ ザンベジ川流域のトンブクトゥは，交易都市として繁栄した。
④ アフリカ東岸のマリンディやザンジバルは，ムスリム商人によるインド洋交易の拠点となっていた。

解答・解説：別冊 p.28

9 ヨーロッパ世界の形成

□ **問1** 「様々な人々が移動・定住し，多くの国家が興亡を繰り返していく」について述べた文として正しいものを，次の ①～④ のうちから一つ選べ。

(2016 本試)

① マジャール人が，ハンガリー王国を建てた。

② モンゴル軍が，ウィーンを包囲した。

③ フン人が，ブルガリア王国を建てた。

④ オスマン帝国が，ニコポリスの戦いで敗れた。

□ **問2** 次の年表に示した **a**～**d** の時期のうち，ヴァンダル王国が滅亡した時期として正しいものを，下の ①～④ のうちから一つ選べ。 (2016 追試)

a	
379 年	テオドシウス帝の即位
b	
476 年	西ローマ帝国の滅亡
c	
642 年	ニハーヴァンドの戦い
d	

① **a**　② **b**　③ **c**　④ **d**

□ **問3** 「キリスト教」について述べた文として正しいものを，次の ①～④ のうちから一つ選べ。 (2015 追試)

① セルビア人は，バルカン半島に定住後，ローマ＝カトリックに改宗した。

② アリウス派は，コンスタンツ公会議で異端とされた。

③ キリスト教世界は，11 世紀に，ローマ＝カトリック教会とギリシア正教会に分裂した。

④ ユーグ＝カペーは，アルビジョワ派(カタリ派)を制圧した。

□ **問4**　修道士の活動の場となった修道院や修道会について述べた文として最も適当なものを，次の ①〜④ のうちから一つ選べ。　(2021 第1日程)

① インノケンティウス3世は，モンテ＝カッシーノ(モンテ＝カシノ)に修道院を作った。

② シトー修道会(シトー派修道会，シトー会)は，森林の開墾に取り組んだ。

③ クローヴィスの下で，クリュニー修道院が中心となって改革運動が起こった。

④ ヘンリ3世は，修道院を解散し，その財産を没収した。

□ **問5**　中世のギリシア正教について述べた文として正しいものを，次の ①〜④ のうちから一つ選べ。　(2013 本試)

① 13世紀に，ギリシア正教会はローマ＝カトリック教会と分裂した。

② ブルガール人は，ギリシア正教を受容した。

③ ビザンツ帝国では，ギリシア正教会が皇帝を支配下に置いた。

④ ビザンツ様式の教会建築の特色に，ステンドグラスがある。

□ **問6**　「地中海地域のキリスト教諸国」について述べた文として正しいものを，次の ①〜④ のうちから一つ選べ。　(2017 本試)

① アラゴン王国とカスティリャ王国が統合され，ポルトガル王国が成立した。

② ラテン帝国は，第7回十字軍によって成立した。

③ シチリア王国は，アヴァール人により建国された。

④ ビザンツ帝国で，聖像禁止令(聖像崇拝禁止令)が出された。

□ **問7**　800年にローマ皇帝として戴冠した［ア］の事績について述べた文として最も適当なものを，次の ①〜④ のうちから一つ選べ。　(2022 本試)

① フン人を撃退した。

② イングランド王国を征服した。

③ アルクインらを集め，学芸を奨励した。

④ フランク国王として初めて，アタナシウス派キリスト教に改宗した。

解答・解説：別冊 p.30

10 西ヨーロッパ世界の変容と中世文化

□ **問1** 「毛織物」に関連して，ヨーロッパにおける毛織物の歴史について述べた文として正しいものを，次の ①～④ のうちから一つ選べ。 (2014 追試)

① 東方貿易では，毛織物が主要な輸入品の一つだった。

② 毛織物生産の盛んなフランドル地方の支配権をめぐり，イタリア戦争が起こった。

③ 中世のフィレンツェでは，毛織物生産が盛んだった。

④ 中世のイギリスでは，力織機による毛織物生産が進んだ。

□ **問2** 14 世紀中頃～15 世紀末の神聖ローマ帝国の版図を示した地図として最も適当なものを，次の ①～④ のうちから一つ選べ。 (2018 追試)

①

②

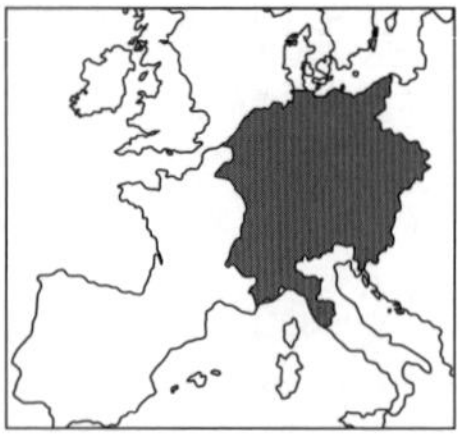

③

④

□ **問3** 「農地」に関連して，ヨーロッパの農業と農民の生活について述べた文として**誤っているもの**を，次の ①～④ のうちから一つ選べ。 (2014 追試)

① 中世の荘園には，農民が共同で利用する牧草地や森があった。

② 鉄製(重量)有輪犂の普及によって，農業生産が増大した。

③ フランスで，ジャックリーの乱と呼ばれる農民一揆が起こった。

④　農場領主制（グーツヘルシャフト）では，主に東欧向けの穀物が生産された。

□ **問4**　「商業都市」の一つであるリューベックの位置を示す次の地図中の**a**または**b**と，この都市の歴史について述べた下の文**ア**または**イ**との組合せとして正しいものを，下の ①～④ のうちから一つ選べ。　(2013 本試)

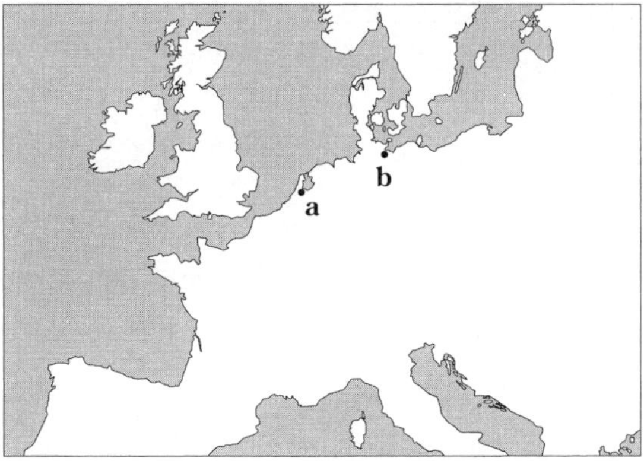

ア　ハンザ同盟の盟主として，バルト海交易に従事した。

イ　17 世紀に，国際金融の中心となった。

①　**a**—**ア**　②　**a**—**イ**　③　**b**—**ア**　④　**b**—**イ**

□ **問5**　「ローマ教皇庁」について述べた次の文章中の空欄 **ア** と **イ** に入れる語の組合せとして正しいものを，下の ①～④ のうちから一つ選べ。

(2017 追試)

ローマ教皇 **ア** は，教皇権の絶対性を主張してフランス国王フィリップ 4 世と対立した。 **ア** の死後，ローマ教皇庁は **イ** に移され，以後約 70 年間，教皇がローマに不在となる事態となった。

①　**ア**—ボニファティウス 8 世　**イ**—パ　リ

②　**ア**—ボニファティウス 8 世　**イ**—アヴィニョン

③　**ア**—インノケンティウス 3 世　**イ**—パ　リ

④　**ア**—インノケンティウス 3 世　**イ**—アヴィニョン

□ **問6** 「武勲詩・騎士道物語」に関連して，中世ヨーロッパで愛好された文芸作品の名として**誤っているもの**を，次の ①～④ のうちから一つ選べ。

(2015 追試)

① 『アーサー王物語』　② 『ニーベルンゲンの歌』
③ 『ドン＝キホーテ』　④ 『ローランの歌』

□ **問7** キリスト教が社会に与えた影響について述べた文として最も適当なものを，次の ①～④ のうちから一つ選べ。(2023 本試)

① クローヴィスの改宗によって，フランク王国は，先住のノルマン人の支持を得ることができた。
② 聖職者(司祭)のジョン＝ボールが，「アダムが耕しイヴが紡いだとき，だれが貴族(領主)であったか」と説教し，農民一揆を指導した。
③ コンスタンティヌス帝は，勢力を増したキリスト教徒を統治に取り込むために，統一法を発布した。
④ ボニファティウス 8 世の提唱した第 1 回十字軍に，ヨーロッパ各地の諸侯や騎士が参加した。

□ **問8** 「ブリテン島」の歴史について述べた文として正しいものを，次の ①～④ のうちから一つ選べ。(2015 本試)

① ローマが，ポエニ戦争で，一部を属州とした。
② アングロ＝サクソン人が，ノルマンディー公国を建てた。
③ アルフレッド大王が，侵入したアヴァール人と戦った。
④ ヘンリ 2 世が，プランタジネット朝を開いた。

□ **問9** 「百年戦争」が始まった 14 世紀のヨーロッパの状況について述べた文として正しいものを，次の ①～④ のうちから一つ選べ。(2015 追試)

① オランダのウィクリフが，教会制度を批判した。
② カール 4 世が，金印勅書を発布した。
③ リトアニアとポーランドが合同して，ノヴゴロド国が成立した。
④ フィリップ 2 世が，教皇と対立して，アナーニ事件を起こした。

□ **問 10**「国土回復運動(レコンキスタ)」について述べた次の文章中の空欄 **ア** と **イ** に入れる語の組合せとして正しいものを，下の ①〜④ のうちから一つ選べ。 (2013 追試)

中世後期のカスティリャ王国と **ア** 王国は，互いに対立することが多かったため，**イ** 朝は漁夫の利を得て延命した。しかし 15 世紀後半に両王国の王女と王子が結婚してそれぞれ即位すると，協力して 1492 年に **イ** 朝を征服し，国土回復運動を完了した。

① **ア**―ポルトガル　**イ**―ナスル
② **ア**―ポルトガル　**イ**―マムルーク
③ **ア**―アラゴン　**イ**―ナスル
④ **ア**―アラゴン　**イ**―マムルーク

□ **問 11**「中世の建築様式」について述べた次の文中の空欄 **ア** と **イ** に入れる語の組合せとして最も適当なものを，下の ①〜④ のうちから一つ選べ。

(2013 追試)

12 世紀以降西ヨーロッパを中心に流行した，尖塔(せんとう)とステンドグラスを特徴とする建築様式 **ア** は，同時代の学問で，信仰を論理的に体系化しようとする **イ** と，「明澄性」および「総合性」という共通の特徴を持つことが指摘されている。

① **ア**―ロマネスク　**イ**―スコラ学
② **ア**―ロマネスク　**イ**―自然哲学
③ **ア**―ゴシック　**イ**―スコラ学
④ **ア**―ゴシック　**イ**―自然哲学

□ **問 12**「異端」に関連して，世界史上のキリスト教の異端について述べた文として正しいものを，次の ①〜④ のうちから一つ選べ。 (2017 本試)

① ネストリウス派は，漢代の中国に伝わった。
② フス派は，トリエント公会議で異端とされた。
③ アリウス派は，三位一体説を唱えた。
④ カタリ派に対し，アルビジョワ十字軍が組織された。

解答・解説：別冊 p.32

11 宋とモンゴル帝国・元

□ **問1** 「趙匡胤によって建国された宋の都である **ア** は，大運河と黄河の接点近くに位置し，物資が集積する交通や経済の要地であった。」

文章中の空欄 **ア** に入れる都市の名として正しいものを，次の ①～④ のうちから一つ選べ。 (2013本試)

① 長 安　② 咸 陽　③ 建 康　④ 開 封

□ **問2** 「科挙」に関連して，次の年表に示した **a**～**d** の時期のうち，中国の科挙において，殿試が始まった時期として正しいものを，下の ①～④ のうちから一つ選べ。 (2014追試)

a

926年　契丹(遼)が，渤海を滅ぼした

b

1231年　モンゴル軍の高麗侵入が始まった

c

1502年　『大明会典(だいみんかいてん)』が完成した

d

① **a**　② **b**　③ **c**　④ **d**

□ **問3** 「9世紀後半から13世紀」の時代の自然と人間のかかわりについて述べた次の文 **a** と **b** の正誤の組合せとして正しいものを，下の ①～④ のうちから一つ選べ。 (2014追試)

a 黄河流域では，占城(チャンパー)稲の導入によって，農業生産が向上した。

b モンスーン(季節風)を利用したインド洋の交易が始まった。

① **a**―正　**b**―正　② **a**―正　**b**―誤
③ **a**―誤　**b**―正　④ **a**―誤　**b**―誤

□ 問4　「商業」に関連して，宋代における商業や交易について述べた文として正しいものを，次の ①～④ のうちから一つ選べ。 (2013 本試)

① 日本との間で，朱印船貿易が行われた。

② 市舶司が，海上交易の管理を行った。

③ 貨幣として，布銭(布貨)が用いられた。

④ 同業者組合である草市が組織された。

□ 問5　「貿易港」に関連して，宋代に市舶司が置かれた都市の名と，その位置を示す次の地図中の **a** または **b** との組合せとして正しいものを，下の ①～④ のうちから一つ選べ。 (2017 追試)

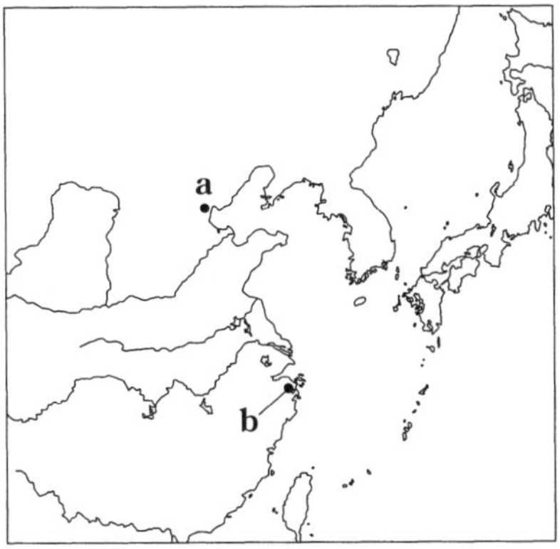

① 天　津― **a**　　② 天　津― **b**

③ 明州(寧波)― **a**　　④ 明州(寧波)― **b**

□ 問6　「大地と天体」に関連して，歴史上，宇宙を論じた思想や人物について述べた次の文 **a** と **b** の正誤の組合せとして正しいものを，下の ①～④ のうちから一つ選べ。 (2015 本試)

a　宋学は，宇宙の原理や人間の本質などを探究した。

b　アリスタルコスは，天動説を唱えた。

① **a**―正　**b**―正　　② **a**―正　**b**―誤

③ **a**―誤　**b**―正　　④ **a**―誤　**b**―誤

□ **問7** 次の**資料**は，近代中国の学者である王国維が著した論文の一部である。(引用文には，省略したり，改めたりしたところがある。)

資料中の空欄 **ア** の民族の歴史について述べた文として最も適当なものを，下の ①～④ のうちから一つ選べ。 (2022 本試)

資料

> 契丹と **ア** の文化が発展したが，彼ら独自の文字は既に使われなくなり，それぞれの民族について，漢語で編纂された『遼史』と『金史』があるほかには，やはり信頼できる歴史記録はほとんどない。

① 猛安・謀克という軍事・社会制度を用いた。

② ソンツェン＝ガンポが，統一国家を建てた。

③ テムジンが，クリルタイでハンとなった。

④ 冒頓単于の下で強大化した。

□ **問8** 「遊牧国家」について述べた次の文 **a**～**c** が，年代の古いものから順に正しく配列されているものを，下の ①～⑥ のうちから一つ選べ。 (2015 本試)

a 西遼(カラ＝キタイ)が，中央アジアで成立した。

b 突厥が，エフタルを滅ぼした。

c アッティラが，パンノニアを中心に帝国を建てた。

① **a → b → c**　② **a → c → b**　③ **b → a → c**

④ **b → c → a**　⑤ **c → a → b**　⑥ **c → b → a**

□ **問9** 「王朝創始」に関連して，世界史上の王朝とその創始者について述べた文として正しいものを，次の ①～④ のうちから一つ選べ。 (2015 追試)

① チンギス＝ハンが，モンゴル帝国を建てた。

② 王安石が，宋を建てた。

③ アリーが，ウマイヤ朝を開いた。

④ ジョージ1世が，テューダー朝を開いた。

□ **問 10** 「指導者の地位」について述べた次の文章中の空欄 **ア** と **イ** に入れる語の組合せとして正しいものを，下の ①～④ のうちから一つ選べ。

(2014 本試)

モンゴル帝国では，君主が没すると一族・重臣を集めた **ア** で後継者が選出されることになっていたが，結果をめぐって争いが生じることもあった。第 4 代モンケ没後の継承争いでは，**イ** が勝利して，元朝(大元ウルス)を建てた。

① **ア**―クリルタイ　**イ**―フビライ(クビライ)
② **ア**―クリルタイ　**イ**―ヌルハチ
③ **ア**―三部会　**イ**―フビライ(クビライ)
④ **ア**―三部会　**イ**―ヌルハチ

□ **問 11** 「モンゴル帝国」の勢力拡大について述べた文として正しいものを，次の ①～④ のうちから一つ選べ。 (2013 追試)

① モンケが，金を滅ぼした。
② フラグが，チャガタイ＝ハン国を建てた。
③ バトゥが，ロシアに遠征した。
④ オゴタイが，日本に遠征した。

□ **問 12** 「授時暦」の作成者の名として正しいものを，次の ①～④ のうちから一つ選べ。 (2013 追試)

① 徐光啓　② 郭守敬　③ 湯若望　④ 宋応星

□ **問 13** 「平易なトルコ語」に関連して，言語や文字について述べた文として正しいものを，次の ①～④ のうちから一つ選べ。 (2016 追試)

① 漢で，『康熙字典』が編纂された。
② スワヒリ語が，東南アジア海域で共通語(商業用語)となった。
③ パスパ(パクパ)が，モンゴル語を表記する文字を作った。
④ イブン＝ハルドゥーンが，『集史』をペルシア語で著した。

解答・解説：別冊 p.34

12 明・清と東アジア世界

□ **問1** 「明朝」の歴史について述べた文として**誤っているもの**を，次の ①～④ のうちから一つ選べ。 (2014 追試)

① 李成桂が，初代の皇帝となった。

② 民衆教化のため，六諭を定めた。

③ 軍事組織として，衛所制を設けた。

④ 永楽帝が，都を北京に遷(うつ)した。

□ **問2** 「明朝では，16 世紀後半，幼少で即位した万暦帝を補佐する **ア** の下で，財政再建などの政治改革が進められたが，その強権姿勢に対する反発も強まった。郷紳や官僚の一部は，政権の腐敗や宦官の横暴を批判する **イ** というグループを作ったが，その一人である顧憲成は，江南の無錫にあった書院を拠点にしていた。」

文章中の空欄 **ア** と **イ** に入れる語の組合せとして正しいものを，次の ①～④ のうちから一つ選べ。 (2014 追試)

① **ア**―張居正　**イ**―東林派(東林党)　② **ア**―張居正　**イ**―旧法党

③ **ア**―黄宗羲　**イ**―東林派(東林党)　④ **ア**―黄宗羲　**イ**―旧法党

□ **問3** 明の朝貢国の歴史について述べた文として最も適当なものを，次の ①～④ のうちから一つ選べ。 (2023 追試)

① 琉球が，日本の薩摩藩の侵攻を受けた。

② シャイレンドラ朝が，ボロブドゥール寺院を建てた。

③ コンバウン朝が，イギリスとの戦争で滅亡した。

④ ベトナムの黎朝が，儒学を禁じた。

□ **問4** 中国人の移民の歴史について述べた文として最も適当なものを，次の ①～④ のうちから一つ選べ。 (2022 本試)

① アメリカ合衆国で，19 世紀末に中国人移民の制限が撤廃された。

② 東京で，華僑を中心に興中会が結成された。

③ 福建・広東の人々が，清の禁令を犯して東南アジアに移り住んだ。

④ マラヤ連邦を中心に成立したマレーシアで，中国系住民を優遇する政策が採られた。

□ **問 5** 中国の税制について述べた次の文 **a**〜**c** が，年代の古いものから順に正しく配列されているものを，下の ①〜⑥ のうちから一つ選べ。 (2015 追試)

a 丁税(人頭税)を土地税に繰り込んだ。

b 成年男性に，穀物・絹布などの税や力役を課した。

c 各種の税や徭役を銀に一本化して納めさせた。

① **a→b→c** ② **a→c→b** ③ **b→a→c**

④ **b→c→a** ⑤ **c→a→b** ⑥ **c→b→a**

□ **問 6** 中国の文化について述べた次の文 **a**〜**c** が，年代の古いものから順に正しく配列されているものを，下の ①〜⑥ のうちから一つ選べ。 (2013 本試)

a 欧陽脩らの名文家が，活躍した。

b 顧炎武が，考証学の基礎を築いた。

c 『永楽大典』が編纂(へんさん)された。

① **a→b→c** ② **a→c→b** ③ **b→a→c**

④ **b→c→a** ⑤ **c→a→b** ⑥ **c→b→a**

□ **問 7** 「1446 年，朝鮮 (李朝) 第 4 代王である世宗は，新たに作った固有の文字である **ア** を公布した。その翌年に刊行された『竜飛御天歌(りゅうひぎょてんか)』は，建国者である **イ** やその祖先たちの事績と，建国の正統性とをたたえる王朝創始の叙事詩集である。」

文章中の空欄 **ア** と **イ** に入れる語の組合せとして正しいものを，次の ①〜④ のうちから一つ選べ。 (2015 追試)

① **ア**—訓民正音(ハングル) **イ**—李世民

② **ア**—訓民正音(ハングル) **イ**—李成桂

③ **ア**—字喃(チュノム) **イ**—李世民

④ **ア**—字喃(チュノム) **イ**—李成桂

解答・解説：別冊 p.36

13 オスマン帝国とムガル帝国

□ **問1**　「ティムール帝国」について述べた次の文**a**と**b**の正誤の組合せとして正しいものを，下の ①～④ のうちから一つ選べ。　(2014 追試)

a　この帝国は，チャガタイ＝ハン国出身の武将によって興された。

b　この帝国の末裔（まつえい）が，ムガル帝国を建設した。

①　**a**─正　**b**─正　　②　**a**─正　**b**─誤

③　**a**─誤　**b**─正　　④　**a**─誤　**b**─誤

□ **問2**　「ティムール」が本拠とした都市の名と，その位置を示す次の地図中の**a**または**b**との組合せとして正しいものを，下の ①～④ のうちから一つ選べ。

(2016 本試)

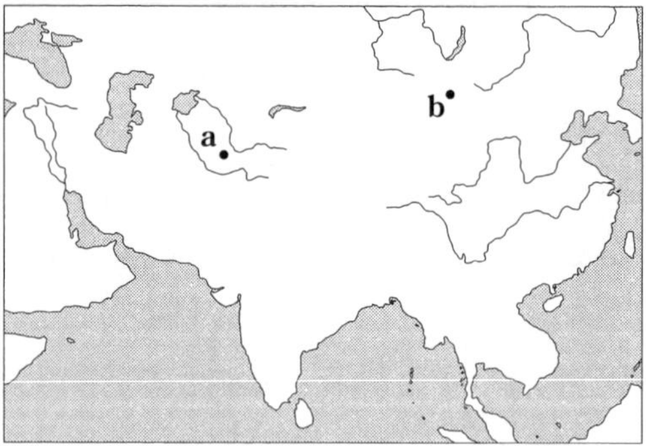

①　サマルカンド─**a**

②　サマルカンド─**b**

③　カラコルム─**a**

④　カラコルム─**b**

□ **問3**　シク教について述べた文として正しいものを，次の ①～④ のうちから一つ選べ。　(2018 本試)

①　ナーナクによって創始された。

②　シヴァ神を主神とする。

③　ヒジュラ（聖遷）の年を紀元とする暦を用いる。

④　中国で景教と呼ばれた。

□ **問 4**　君主・王朝による宗教の迫害や保護の歴史について述べた文として**誤っているもの**を，次の ①～④ のうちから一つ選べ。　(2021 第 2 日程)

① アショーカ王は，仏教を保護した。

② ディオクレティアヌス帝は，キリスト教徒の迫害を命じた。

③ ササン朝で，マニ教が弾圧された。

④ サファヴィー朝で，スンナ派が国教とされた。

□ **問 5**　「フランス人，イギリス人などの外国商人」に関連して，ヨーロッパ諸国の通商活動について述べた次の文 **a** と **b** の正誤の組合せとして正しいものを，下の ①～④ のうちから一つ選べ。　(2015 本試)

a　ヴェネツィアは，香辛料などを扱う東方貿易で繁栄した。

b　ヨーロッパ諸国は，オスマン帝国と貿易する商人に，カピチュレーションを与えた。

① **a**—正　**b**—正　② **a**—正　**b**—誤

③ **a**—誤　**b**—正　④ **a**—誤　**b**—誤

□ **問 6**　ムガル帝国の時代のインドについて述べた文として正しいものを，次の ①～④ のうちから一つ選べ。　(2021 第 1 日程)

① ペルシア語を基に，タミル語が生まれた。

② シャー＝ジャハーンの時代に，タージ＝マハルが建設された。

③ 影絵人形劇(影絵芝居)のワヤンが発達した。

④ ウルグ＝ベクが，天文台を建設した。

□ **問 7**　「公用語」について述べた次の文 **a** と **b** の正誤の組合せとして正しいものを，下の ①～④ のうちから一つ選べ。　(2015 本試)

a　ビザンツ帝国では，公用語がギリシア語からラテン語となった。

b　ムガル帝国では，ペルシア語が公用語として用いられた。

① **a**—正　**b**—正　② **a**—正　**b**—誤

③ **a**—誤　**b**—正　④ **a**—誤　**b**—誤

解答・解説：別冊 p.38

14 大航海時代・ルネサンス・宗教改革

□ **問1** ヨーロッパ人による探検航海について述べた次の文**a**〜**c**が，年代の古いものから順に正しく配列されているものを，下の ①〜⑥ のうちから一つ選べ。 (2017 追試)

a マゼランの一行が，世界周航を成し遂げた。

b クックが，太平洋探検を行った。

c バルトロメウ＝ディアスが，喜望峰に到達した。

① **a→b→c**　② **a→c→b**　③ **b→a→c**
④ **b→c→a**　⑤ **c→a→b**　⑥ **c→b→a**

□ **問2** 新航路開拓の背景には，地理学的知識の発展が大きく寄与していたことが知られている。そのことに関して述べた文**Ⅰ**〜**Ⅲ**について，古いものから年代順に正しく配列したものを，後の ①〜⑥ のうちから一つ選べ。(2022 試作)

Ⅰ ある人物は，中国で初めて，アメリカ大陸や大西洋を含む世界地図を作成した。

Ⅱ ある人物は，本格的に極地探検が競われるなか，初めて北極点に到達した。

Ⅲ ある人物は，地球球体説に基づいて，大西洋を西に向かうことでアジアへ到達できると主張した。

① **Ⅰ―Ⅱ―Ⅲ**　② **Ⅰ―Ⅲ―Ⅱ**　③ **Ⅱ―Ⅰ―Ⅲ**
④ **Ⅱ―Ⅲ―Ⅰ**　⑤ **Ⅲ―Ⅰ―Ⅱ**　⑥ **Ⅲ―Ⅱ―Ⅰ**

□ **問3** アメリカ大陸の銀とその流通について述べた次の文中の空欄 **ア** と **イ** に入れる語の組合せとして正しいものを，下の ①〜④ のうちから一つ選べ。 (2017 本試)

ボリビアの **ア** などの銀鉱山で採掘されたアメリカ大陸の銀は，メキシコのアカプルコから太平洋を渡って，スペインの拠点である **イ** に至る航路によって，アジアにもたらされた。

① **ア**―クスコ　**イ**―フエ　② **ア**―クスコ　**イ**―マニラ
③ **ア**―ポトシ　**イ**―フエ　④ **ア**―ポトシ　**イ**―マニラ

□ **問4** 「イタリアの文化」について述べた次の文**a**と**b**の正誤の組合せとして正しいものを，下の ①～④ のうちから一つ選べ。 (2016 追試)

a レオナルド＝ダ＝ヴィンチは，遠近法を利用して，「最後の晩餐」を描いた。

b ダンテは，『神曲』を，ラテン語で書いた。

① **a**―正 **b**―正 ② **a**―正 **b**―誤

③ **a**―誤 **b**―正 ④ **a**―誤 **b**―誤

□ **問5** 『デカメロン』の作者の名**あ～う**と，この作品で描かれた時代の文化の特徴**S**・**T**との組合せとして正しいものを，下の ①～⑥ のうちから一つ選べ。

(2021 第 1 日程)

作者の名

あ ペトラルカ **い** ボッカチオ **う** エラスムス

文化の特徴

S ダーウィンの進化論の影響を受けている。

T 人文主義の思想が基調となっている。

① **あ―S** ② **あ―T** ③ **い―S**

④ **い―T** ⑤ **う―S** ⑥ **う―T**

□ **問6** 「宗教改革」の歴史について述べた次の文**a**～**c**が，年代の古いものから順に正しく配列されているものを，下の ①～⑥ のうちから一つ選べ。

(2016 追試)

a アウクスブルクの和議が締結された。

b ルターが，「95 か条の論題」を発表した。

c ドイツ農民戦争が起こった。

① **a→b→c** ② **a→c→b** ③ **b→a→c**

④ **b→c→a** ⑤ **c→a→b** ⑥ **c→b→a**

解答・解説：別冊 p.40

15 主権国家体制の形成

□ **問1** 「16世紀中ごろのヨーロッパでは，イタリアの支配権をめぐって，スペインとフランスが，それぞれに複雑な同盟関係を結びつつ，覇権を争っていた。宗教改革やオスマン帝国の西進が，この争いに拍車をかけたが，スペインは，1556年に即位した **ア** の下，カトー＝カンブレジ条約によりフランスとの対立を有利に終結させた。さらに，地中海域の海戦でオスマン帝国に勝利し，ポルトガルの王位を継承することによって，その優位を確立した。しかし，カトリックの盟主としてのスペインの強硬な姿勢は反発を招き，ネーデルラントの反乱を支援した **イ** が，1588年に無敵艦隊を破った。」

文章中の空欄 **ア** と **イ** に入れる語の組合せとして正しいものを，次の ①～④ のうちから一つ選べ。 (2014 本試)

① **ア**―カルロス1世　**イ**―イギリス
② **ア**―カルロス1世　**イ**―スウェーデン
③ **ア**―フェリペ2世　**イ**―イギリス
④ **ア**―フェリペ2世　**イ**―スウェーデン

□ **問2** スペインがアジアへの進出拠点とした都市の名と，その位置を示す次の地図中の **a** または **b** との組合せとして正しいものを，下の ①～④ のうちから一つ選べ。 (2015 追試)

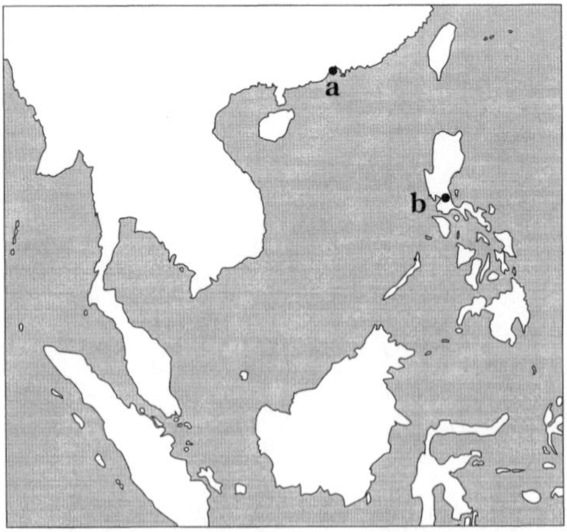

① マカオ―**a**
② マカオ―**b**
③ マニラ―**a**
④ マニラ―**b**

□ **問3** 「中世末期から近世初期のヨーロッパ諸国において，軍隊の主力は，戦時に際し臨時に雇用される傭兵(ようへい)だった。三十年戦争時，神聖ローマ皇帝軍として，スウェーデン国王［ **ア** ］と戦った［ **イ** ］の軍隊は，その代表例である。」

文章中の空欄［ **ア** ］と［ **イ** ］に入れる語の組合せとして正しいものを，次の ①～④ のうちから一つ選べ。 (2015 本試)

① **ア**―ミハイル＝ロマノフ　**イ**―リシュリュー
② **ア**―ミハイル＝ロマノフ　**イ**―ヴァレンシュタイン
③ **ア**―グスタフ＝アドルフ　**イ**―リシュリュー
④ **ア**―グスタフ＝アドルフ　**イ**―ヴァレンシュタイン

□ **問4** フランスでの絶対王政(絶対主義)体制下で即位した国王たちの治世に起こった出来事について述べた文として最も適当なものを，次の ①～④ のうちから一つ選べ。 (2023 追試)

① トゥール・ポワティエ間の戦いが行われた。
② フランス王が，第３回十字軍に参加した。
③ フランスが，三十年戦争に介入した。
④ 総裁政府が倒れ，統領政府が建てられた。

□ **問5** 名誉革命を通じて夫と共同で王位に就いたイギリスの［ **ア** ］の治世に起こった出来事について述べた文として最も適当なものを，次の ①～④ のうちから一つ選べ。 (2023 追試)

① ロンドンで，万国博覧会が開かれた。
② ホイッグ党のウォルポールが，首相に任命された。
③ フェリペ２世との結婚で，カトリックの復活が図られた。
④ 「権利の章典」が制定(承認)された。

解答・解説：別冊 p.42

16 近世ヨーロッパ諸国の覇権競争

□ **問1** ピューリタン革命について述べた文として正しいものを，次の ①～④ のうちから一つ選べ。 (2014 追試)

① クロムウェルは，長老派に属していた。

② クロムウェルが護国卿のときに，王政復古が起こった。

③ ジェームズ1世が処刑された。

④ 内戦は，王党派と議会派との間で始まった。

□ **問2** 次の年表に示した **a**～**d** の時期のうち，イギリスで立憲王政が確立した時期として最も適当なものを，下の ①～④ のうちから一つ選べ。 (2016 本試)

a	
1689年	ウィリアム3世とメアリ2世即位
b	
1837年	ヴィクトリア女王即位
c	
1952年	エリザベス2世即位
d	

① **a**　② **b**　③ **c**　④ **d**

□ **問3** 法や国家制度について述べた文として波線部の正しいものを，次の ①～④ のうちから一つ選べ。 (2013 本試)

① イギリス議会は，不当な逮捕や投獄を禁止する人身保護法を制定した。

② フランスの国民議会は，王政の廃止を宣言した。

③ イギリスでは，チャーティスト運動によって，責任内閣制が成立した。

④ ソ連では，スターリンによって，大統領制が導入された。

□ **問4**　「重商主義」について述べた次の文中の空欄 **ア** と **イ** に入れる人の名の組合せとして正しいものを，下の ①～④ のうちから一つ選べ。

(2015 追試)

フランスの **ア** は，財務大臣(財務総監)に **イ** を登用し，重商主義に基づき国内産業を強化した。

① **ア**―アンリ 4 世　**イ**―コルベール
② **ア**―アンリ 4 世　**イ**―ネッケル
③ **ア**―ルイ 14 世　**イ**―コルベール
④ **ア**―ルイ 14 世　**イ**―ネッケル

□ **問5**　世界史上の迫害や抑圧について述べた文として波線部の**誤っているもの**を，次の ①～④ のうちから一つ選べ。(2014 本試)

① ローマ皇帝ディオクレティアヌスが，キリスト教徒の大迫害を行った。
② ルイ 14 世が，ナントの王令(勅令)を廃止したために，カトリック教徒が亡命した。
③ ムガル皇帝アウラングゼーブが，非ムスリムを抑圧する政策を採った。
④ 新バビロニアが，ヘブライ人をバビロンに連行した。

□ **問6**　世界史上の戦争とその結果について述べた文として**誤っているもの**を，次の ①～④ のうちから一つ選べ。(2017 追試)

① イラク戦争の結果，フセイン政権が崩壊した。
② スペイン継承戦争の結果，ホーエンツォレルン家が，スペイン王位を獲得した。
③ プロイセン＝オーストリア戦争の結果，ドイツ連邦が解体された。
④ 南アフリカ戦争の結果，イギリスが，トランスヴァール共和国を併合した。

□ **問7**　「ハプスブルク家」について述べた次の文中の空欄 **ア** と **イ** に入れる語の組合せとして正しいものを，下の ①～④ のうちから一つ選べ。

(2017 追試)

ハプスブルク家のマリア＝テレジアは， **ア** の奪回を目指し，外交政策を転換して，長く敵対関係にあった **イ** と手を結んだ。

① **ア**―シュレジエン　　**イ**―イギリス

② **ア**―シュレジエン　　**イ**―フランス

③ **ア**―フランドル　　**イ**―イギリス

④ **ア**―フランドル　　**イ**―フランス

□ **問8**　次の絵は，「王のケーキ」という題が付いている風刺画で，ポーランドの王と，ポーランドを分割する3国の君主たちが描かれている。絵の中の**あ**と**い**について，それぞれが表している国とその君主の名の組合せとして正しいものを，下の ①～⑥ のうちから一つ選べ。**なお，正しいものは複数あるが，解答は一つでよい。**

(2018 試行)

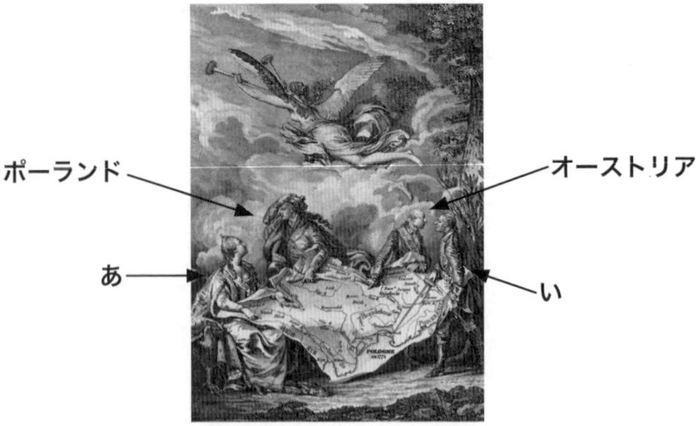

① **あ**：ロシア―エカチェリーナ2世

② **あ**：イギリス―エリザベス1世

③ **あ**：フランス―ルイ14世

④ **い**：ロシア―ニコライ2世

⑤ **い**：プロイセン―フリードリヒ2世

⑥ **い**：イタリア―ヴィットーリオ＝エマヌエーレ2世

□ **問 9** 「ロシア君主ピョートル１世」の事績について述べた文として正しいものを，次の ①～④ のうちから一つ選べ。 (2016 本試)

① ギリシア正教に改宗した。　② ステンカ＝ラージンの反乱を鎮圧した。

③ ラクスマンを日本に派遣した。　④ 北方戦争で，スウェーデンに勝利した。

□ **問 10** 「オーストリア継承戦争があり，その後に七年戦争が起こった」に関連する出来事について述べた文として最も適当なものを，次の ①～④ のうちから一つ選べ。 (2023 追試)

① オーストリア継承戦争の結果，ユトレヒト条約が結ばれた。

② プロイセンが，七年戦争でスペインの支援を受けた。

③ オーストリアとフランスとの同盟の締結は，外交革命と呼ばれた。

④ マリ＝アントワネットが，フリードリヒ２世の王妃となった。

□ **問 11** 「大公や皇帝」に関連して，ロシアの君主による過去の理解と，それを基にした新政策について述べた次の文章中の空欄 **ア** と **イ** に入れる語の組合せとして正しいものを，下の ①～④ のうちから一つ選べ。 (2014 本試)

皇帝 **ア** は，貴族に対し，長いあごひげのそり落としを命じた。ひげは古いロシアを象徴すると考えたからである。この命令は，首都 **イ** の建設に代表される西欧化・近代化政策の一環だった。

① **ア**―イヴァン４世　**イ**―モスクワ

② **ア**―イヴァン４世　**イ**―ペテルブルク（サンクト＝ペテルブルク）

③ **ア**―ピョートル１世　**イ**―モスクワ

④ **ア**―ピョートル１世　**イ**―ペテルブルク（サンクト＝ペテルブルク）

□ **問 12** 「専制君主」について述べた文として正しいものを，次の ①～④ のうちから一つ選べ。 (2016 追試)

① ディオクレティアヌス帝は，ローマ市民権を帝国内の全自由民に与えた。

② アッバース１世は，アンカラの戦いに敗れた。

③ 万暦帝は，軍機処を設けた。

④ エカチェリーナ２世は，農奴制を強化した。

解答・解説：別冊 p.44

17 ヨーロッパの海外進出と文化

□ **問1** 「ヨーロッパ経済が世界的に拡大していく」に関連して，次のグラフは1630年から1799年にかけて，オランダ・イギリス・フランスの3か国において，アジアに航海するために艤装(ぎそう)(航海に必要な装備を施すこと)された船舶の数を表したものである。このグラフから読み取れる内容について述べた下の文**a**と**b**の正誤の組合せとして正しいものを，下の①〜④のうちから一つ選べ。 (2016本試)

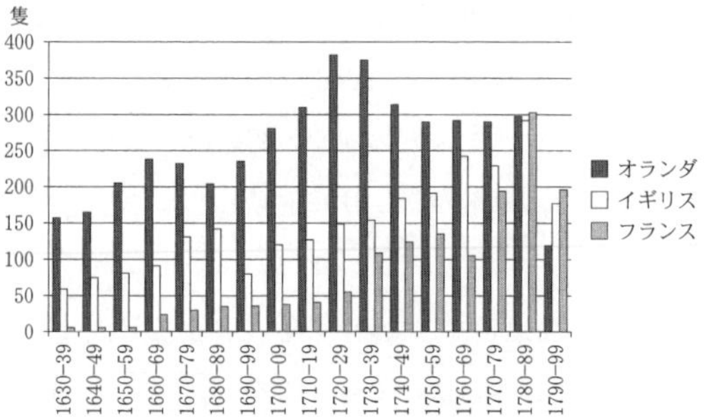

3か国のアジア向けの艤装船舶数の推移

(羽田正『東インド会社とアジアの海』より作成)

a オランダの船舶数がピークを迎えたのは，七年戦争終結後である。

b フランスの東インド会社が再建される以前，同国の船舶数は，常にイギリスの半分以下である。

① **a**—正 **b**—正　② **a**—正 **b**—誤

③ **a**—誤 **b**—正　④ **a**—誤 **b**—誤

□ **問2** 「世界各地からもたらされた多様な物産」に関連して，アジアにおけるヨーロッパ諸国の貿易拠点について述べた文として最も適当なものを，次の①〜④のうちから一つ選べ。 (2016追試)

① オーストリアが，ホルムズ(ホルムズ島)を占領した。

② オランダが，バタヴィアを拠点とした。

③ フランスが，マドラスを拠点とした。

④ ポルトガルが，シャンデルナゴルを拠点とした。

□ **問3**　次の年表に示した **a〜d** の時期のうち，イギリスで宗教迫害を受けたピルグリム＝ファーザーズがアメリカに移住した時期として正しいものを，下の ①〜④ のうちから一つ選べ。　(2017 追試)

a
1607 年　イギリス人定住地ジェームズタウン建設
b
1640 年　長期議会の開催
c
1662 年　チャールズ 2 世が礼拝統一法を発布
d

①　**a**　　②　**b**　　③　**c**　　④　**d**

□ **問4**　「17 世紀の科学革命」について述べた文として正しいものを，次の ①〜④ のうちから一つ選べ。　(2017 追試)

①　エウクレイデスが，平面幾何学を集大成した。
②　ニュートンが，万有引力の法則を発見した。
③　ダーウィンが，進化論を提唱した。
④　コッホが，細菌学を発展させた。

□ **問5**　「旅行」に関連して，旅行に関わる書物について述べた文として正しいものを，次の ①〜④ のうちから一つ選べ。　(2015 本試)

①　ミルトンが，『ロビンソン＝クルーソー』を著した。
②　スウィフトが，『ガリヴァー旅行記』を著した。
③　仏図澄が，『南海寄帰内法伝』を著した。
④　孔穎達が，『仏国記』を著した。

解答・解説：別冊 p.46

大学入学共通テスト②

A　次の**資料1・2**は，ファーティマ朝のカリフについて，後の王朝の二人の歴史家がその正統性を論じた文章の概略である。　(2023 本試)

資料1

私はファーティマ朝のカリフをこの『カリフたちの歴史』では採り上げなかった。彼らがクライシュ族ではないため，ⓐカリフの資格がないからである。

ある法官によると，彼らの王朝の開祖が北アフリカで王朝を建てた時，アリーの子孫であると自称したが，系譜学者たちは誰一人彼を知らなかったという。また伝えられるところによると，ファーティマ朝の支配者の一人が，［ア］の支配者に対して侮辱する手紙を送った時，［ア］の支配者は，「あなたは私たちウマイヤ家の系譜を知っていて，私たちのことを侮辱した。しかし，私たちはあなたたちのことなど知らない」と返答したという。

このようなことから，私は彼らをカリフと認めず，記さなかったのである。

資料2

多くの歴史家に受け取られている愚かな情報の中には，ファーティマ朝カリフがアリーの子孫であることを否定するものがあるが，それは競争相手を非難してアッバース朝カリフに取り入る目的で作られたものである。アッバース朝カリフに仕える人々にとっては，ファーティマ朝にシリアやエジプトを奪われたまま奪還できない無能力を取り繕うのに好都合だったからである。

しかし，アッバース朝カリフがファーティマ朝成立当初に地方総督へ送った手紙の中には，ファーティマ朝カリフの系譜について言及があり，その手紙が，彼らがアリーの子孫であるということをはっきりと証明している。

カリフは，中世のムスリムによって，イスラーム共同体の指導者としてただ一人がその地位に就くとみなされていた。しかし10世紀にファーティマ朝や［ア］の支配者もカリフを称し，複数のカリフが長期間並立したことで，ムスリムが従うべき正しい指導者は誰かという問題は，さらに複雑なものとなった。

資料 1・2 の著者を含め，スンナ派の学者たちは，カリフになるための資格に関して，ムスリムであることに加えて，7 世紀初頭にメッカに住んでいたクライシュ族の子孫であることも必要な条件であると考えていた。ここで言及されているウマイヤ家もアリー家も，そしてアッバース家も，クライシュ族である。

□ **問 1**　文章中の空欄 **ア** の王朝が 10 世紀に支配していた半島の歴史について述べた文として最も適当なものを，次の ①～④ のうちから一つ選べ。

① トルコ系の人々が，この半島においてルーム＝セルジューク朝を建てた。

② ムラービト朝が，この半島における最後のイスラーム王朝となった。

③ ベルベル人によって建てられたムワッヒド朝が，この半島に進出した。

④ この半島で成立したワッハーブ王国が，ムハンマド＝アリーによって一度滅ぼされた。

□ **問 2**　下線部ⓐの歴史について述べた文として最も適当なものを，次の ①～④ のうちから一つ選べ。

① 預言者ムハンマドが死亡すると，アブー＝バクルが初代カリフとなった。

② アブデュルハミト 2 世が，カリフ制を廃止した。

③ ブワイフ朝の君主はバグダードに入った後，カリフとして権力を握った。

④ サファヴィー朝が，アッバース朝(アッバース家)のカリフを擁立した。

□ **問 3**　**資料 1・2** を参考にしつつ，ファーティマ朝の歴史とそのカリフについて述べた文として最も適当なものを，次の ①～④ のうちから一つ選べ。

① ファーティマ朝はアッバース朝成立以前に成立した王朝であり，**資料 1** は伝聞や逸話に基づいてそのカリフの正統性を否定している。

② ファーティマ朝はスンナ派の一派が建てた王朝であり，**資料 1** と **資料 2** はともに系譜を根拠としてその支配者がカリフであると認めている。

③ ファーティマ朝はカイロを首都としたが，**資料 2** はシリアやエジプトを取り戻せないという無能力によってカリフの資格がないと判断している。

④ ファーティマ朝はアッバース朝の権威を否定していたが，**資料 2** はアッバース朝カリフの手紙を証拠としてファーティマ朝のカリフをアリーの子孫だと認めている。

B　あるクラスで，科挙に関する授業が行われている。　(2023 本試)

高　木：中国の科挙について勉強しましたが，子どもの頃から儒学の経典を学んで，何回も受験する人が多いことに驚きました。学校はあったのでしょうか。

先　生：中国では，官立学校で儒学を教え，学生は官吏の候補として養成されました。科挙が定着した後，官立学校は全体に振るいませんでしたが，宋代には私立学校の書院が各地にでき，新しい学問である［　ア　］も書院の活動のなかで生まれました。17 世紀の顧炎武は，官立学校の学生身分を持つ者が増え過ぎて社会問題になっていると論じています。

高　木：学生が増えたのが社会問題になったのはなぜでしょうか。

先　生：王朝の交替を目の当たりにした顧炎武は，多くの学生が政治上の争いに加担したことを問題として挙げていますが，それには，彼が同時代のこととして見聞した，書院を拠点とした争いが念頭にありました。

高　木：それは，［　イ　］ことではないでしょうか。

先　生：そうです。彼はまた，学校教育の停滞も指摘していて，科挙合格のために，当時の官学であった［　ア　］を表面的に学ぶことを問題視しました。そこで，学生のあり方や，科挙自体も大幅に改革すべきだと論じています。

吉　田：日本では科挙について議論はなかったのでしょうか。

先　生：江戸時代の儒学者の中には，科挙は文才を重視し過ぎて実際の役に立っていないとして，むしろⓐ中国で科挙の開始より古い時代に行われた人材登用制度を参考にすべきだという意見がありました。日本の社会には中国で理想とされる周代と共通する要素があると考え，周代の制度を参考にして，文才ではなく人柄を重視しようとしたのです。

吉　田：それはもっともな意見ですが，科挙を採用した国もありましたね。そうした国の人はどう考えていたのでしょうか。

先　生：例えば江戸時代の日本を訪れた朝鮮の知識人の一人が，日本には科挙がないので官職が全て世襲で決まり，埋もれた人材がいると書き残しています。日本の儒学者とは反対の意見です。

吉　田：それも納得できます。人材の登用はいろいろな問題があるのですね。

□ **問1**　文章中の空欄 **ア** の学問について述べた文として最も適当なものを，次の ①～④ のうちから一つ選べ。

① 科挙が創設された時代に，書院を中心に新しい学問として興った。

② 金の支配下で，儒教・仏教・道教の三教の調和を説いた。

③ 臨安が都とされた時代に大成され，儒学の経典の中で，特に四書を重視した。

④ 実践を重んじる王守仁が，知行合一の説を唱えた。

□ **問2**　文章中の空欄 **イ** に入れる文として最も適当なものを，次の ①～④ のうちから一つ選べ。

① 宗教結社の太平道が，黄巾の乱を起こした

② 和平派の秦檜らと主戦派の岳飛らとが対立した

③ 土木の変で，皇帝が捕らえられた

④ 東林派の人々が，政府を批判した

□ **問3**　下線部ⓐについて述べた文**あ・い**と，前の文章から読み取れる朝鮮や日本で見られた人材登用制度に関する考えについて述べた文**X・Y**との組合せとして正しいものを，後の ①～④ のうちから一つ選べ。

下線部ⓐについて述べた文

あ　地方長官の推薦による官吏任用が行われ，結果として豪族が政界に進出するようになった。

い　人材が9等級に分けて推薦され，結果として貴族の高官独占が抑制された。

朝鮮や日本で見られた人材登用制度に関する考え

X　朝鮮の知識人が，科挙を採用せず広く人材を求めない日本を批判した。

Y　日本の儒学者が，周の封建制を否定的に考え，科挙の導入を提唱した。

① **あ―X**　　② **あ―Y**

③ **い―X**　　④ **い―Y**

解答・解説：別冊 p.48

18 産業革命・アメリカ独立革命・フランス革命

□ **問1** 世界史上の交通・輸送手段について述べた次の文 **a** と **b** の正誤の組合せとして正しいものを，下の ①～④ のうちから一つ選べ。 (2014 追試)

a 漢代に，華北と江南を結ぶ大運河が建設された。

b 産業革命の時期に，イギリスで蒸気機関車が実用化された。

① **a**―正 **b**―正 ② **a**―正 **b**―誤

③ **a**―誤 **b**―正 ④ **a**―誤 **b**―誤

□ **問2** イギリスの産業革命について述べた文として最も適当なものを，次の ①～④ のうちから一つ選べ。 (2023 本試)

① 大西洋の三角貿易を通じて，綿製品，茶，アヘンが取引された。

② ダービーによって開発された，コークスを使用する製鉄法が利用された。

③ 選挙権の拡大を目指して，ラダイト運動（機械打ちこわし運動）が発生した。

④ 1833 年の工場法の制定によって，大気や水の汚染問題の改善が図られた。

□ **問3** 世界史上の税や税制について述べた文として最も適当なものを，次の ①～④ のうちから一つ選べ。 (2016 本試)

① 漢の武帝は，砂糖の専売を行った。

② ローマ＝カトリック教会は，聖職者に対して十分の一税を課した。

③ 北米の 13 植民地は，本国による課税に反対して，「代表なくして課税なし」と主張した。

④ イギリス支配下のエジプトで，ライヤットワーリー制が導入された。

□ **問4** 「大西洋世界における植民地形成と奴隷制」について述べた次の文章中の空欄 [ア] と [イ] に入れる語の組合せとして正しいものを，下の ①～④ のうちから一つ選べ。 (2017 追試)

イギリス領北アメリカ 13 植民地のなかで，黒人奴隷をプランテーションで使っていたのは，[ア] のような南部の植民地である。そこでは，[イ] などの商品作物が生産され，イギリス本国に輸出された。

① **ア**―ニューイングランド　**イ**―ゴ　ム

② **ア**―ニューイングランド　**イ**―タバコ

③ **ア**―ヴァージニア　**イ**―ゴ　ム

④ **ア**―ヴァージニア　**イ**―タバコ

□ **問5**　「人権思想が18世紀を通じて広がり」に関連して，アメリカ独立宣言について述べた次の文中の空欄 **ア** と **イ** に入れる語の組合せとして正しいものを，下の ①～④ のうちから一つ選べ。　(2016追試)

ア らが起草したアメリカ独立宣言は，イギリスの思想家 **イ** の影響を受け，基本的人権や人民主権といった理念をうたっている。

① **ア**―ジェファソン　**イ**―ミルトン

② **ア**―ジェファソン　**イ**―ロック

③ **ア**―トマス＝ペイン　**イ**―ミルトン

④ **ア**―トマス＝ペイン　**イ**―ロック

□ **問6**　「牢獄(ろうごく)」に関連して，牢獄や投獄について述べた次の文 **a** と **b** の正誤の組合せとして正しいものを，下の ①～④ のうちから一つ選べ。　(2016本試)

a　イギリスでは，審査法によって，不当な逮捕や投獄が禁止された。

b　フランスでは，ヴァレンヌ逃亡事件をきっかけに，バスティーユ牢獄(バスティーユ要塞)への襲撃が起こった。

① **a**―正　**b**―正　② **a**―正　**b**―誤

③ **a**―誤　**b**―正　④ **a**―誤　**b**―誤

□ **問7**　「フランス」における民主主義思想について述べた文として正しいものを，次の ①～④ のうちから一つ選べ。　(2016追試)

① 三部会によって，封建的特権の廃止が決議された。

② ナポレオン法典(民法典)は，法の前の平等という理念に基づいている。

③ フィヒテが，人権宣言を起草した。

④ シェイエスが，『人間不平等起源論』を著した。

解答・解説：別冊 p.50

19 ウィーン体制とヨーロッパの再編

□ **問1** 「ロマノフ朝」の皇帝について述べた次の文 **a** と **b** の正誤の組合せとして正しいものを，下の ①～④ のうちから一つ選べ。 (2013 本試)

a ニコライ 1 世は，神聖同盟を提唱した。

b アレクサンドル 2 世は，クリミア戦争を開始した。

① **a**―正 **b**―正 ② **a**―正 **b**―誤

③ **a**―誤 **b**―正 ④ **a**―誤 **b**―誤

□ **問2** 戦争を描いた絵画について述べた次の文中の空欄 ア と イ に入れる語の組合せとして正しいものを，下の ①～④ のうちから一つ選べ。

(2017 追試)

ロマン主義絵画の旗手とされる ア は，その代表作「キオス島の虐殺」(下図参照)で，ギリシア独立戦争時に起こった イ 軍による住民の虐殺を描いた。

「キオス島の虐殺」

① **ア**―ルノワール **イ**―オスマン帝国

② **ア**―ルノワール **イ**―オーストリア帝国

③ **ア**―ドラクロワ **イ**―オスマン帝国

④ **ア**―ドラクロワ **イ**―オーストリア帝国

□ **問3** 「オスマン帝国から，ギリシアが独立した」に関連して，次の年表に示した **a**〜**d** の時期のうち，ギリシアがオスマン帝国から独立した時期として正しいものを，下の ①〜④ のうちから一つ選べ。 (2015本試)

a	
1793年	セリム3世が，新軍団を創設する
b	
1839年	タンジマート改革が始まる
c	
1877年	ロシア＝トルコ戦争(露土戦争)が始まる
d	

① **a**　② **b**　③ **c**　④ **d**

□ **問4** (1) 次の会話文中の空欄 **ア** に入れることのできる語として**誤っているもの**を，下の ①〜④ のうちから一つ選べ。 (2021第2日程)

先　生：例えば **ア** のように，今日の私たちに身近な農作物が実はアメリカ大陸原産であることは驚きです。

田　口：ジャガイモもその典型ですね。

先　生：アメリカ大陸からやって来たジャガイモのおかげで **イ** では大幅に人口を増やすことになりました。しかし1840年代のジャガイモ飢饉が原因となり，大規模な移民を送り出すことになりました。

① サトウキビ　② トマト　③ カカオ　④ トウガラシ

□ (2) 上の会話文中の空欄 **イ** には，かつて連合王国を形成していた国の名が入る。ジャガイモ飢饉以降の **イ** に関する出来事について述べた文として最も適当なものを，次の ①〜④ のうちから一つ選べ。 (2021第2日程)

① カトリック教徒解放法が制定された。

② ワット＝タイラーが指導する農民反乱が起こった。

③ グラッドストンが，イギリス議会へ自治法案を提出した。

④ 共和主義を掲げるジロンド派が，政権を掌握した。

□ **問5** ヨーロッパにおける君主について述べた文として最も適当なものを，次の ①～④ のうちから一つ選べ。 (2023 追試)

① ルイ＝ナポレオンが，国民投票（人民投票）によってフランス皇帝となった。

② カール＝マルテルの子であるピピンが，メロヴィング朝を開いた。

③ 神聖ローマ皇帝カール 4 世が金印勅書を発し，皇帝選挙の手続きを廃止した。

④ ザクセン選帝侯が，プロイセン＝フランス戦争（普仏戦争）によって成立したドイツ帝国の皇帝位を兼ねた。

□ **問6** (1) 次の文章中の［ア］事件について述べた文として最も適当なものを，下の ①～④ のうちから一つ選べ。 (2022 追試)

> ［ア］という軍人のスパイ容疑に関する判決に憤慨したⓐ自然主義の作家ゾラは,「［ア］が無罪であることの確かな証拠を持っていながら，それを公にしなかった軍の関係者たちを告発する。」と，痛烈に批判しています。

① 対独復讐(ふくしゅう)を求める風潮を背景として起こった, クーデタ事件であった。

② 総裁政府が倒された，クーデタ事件であった。

③ 無政府主義者（アナーキスト）への弾圧として起こった，冤罪(えんざい)事件であった。

④ 反ユダヤ主義の風潮を背景として起こった，冤罪事件であった。

□ (2) 下線部ⓐの代表的な美術作品とその作者の名との組合せとして正しいものを，次の ①～④ のうちから一つ選べ。 (2022 追試)

① 「民衆を導く自由の女神」―ドラクロワ

② 「民衆を導く自由の女神」―ルノワール

③ 「落ち穂拾い」―ミレー

④ 「落ち穂拾い」―モ ネ

□ **問7** 「東欧では，過去の記憶が，社会主義からの体制転換を求める運動に，人々を結集する役割を果たした。ハンガリーでは，1988年3月15日に，社会主義体制に対する抗議の声があがった。それは，1848年に，ハンガリーの独立を求めた革命が，**ア** の指導の下で始まった日を記念する集まりでのことだった。」

文章中の空欄 **ア** に入れる人の名として正しいものを，次の ①～④ のうちから一つ選べ。 (2014追試)

① コブデン　② マカートニー

③ ケレンスキー　④ コシュート(コッシュート)

□ **問8** 「パリ」に関連して，次の年表に示した **a**～**d** の時期のうち，パリ＝コミューンの樹立が宣言された時期として正しいものを，下の ①～④ のうちから一つ選べ。 (2014本試)

a

1852年　フランス第二帝政が成立する

b

1869年　スエズ運河が開通する

c

1894年　ドレフュス事件が起こる

d

① **a**　② **b**　③ **c**　④ **d**

□ **問9** 世界史上の移動・移住について述べた文として正しいものを，次の ①～④ のうちから一つ選べ。 (2017追試)

① 金鉱の発見により，オーストラリアへの移民が増加した。

② ブルガール人が，北イタリアに移住して，王国を建てた。

③ 異民族の侵入により，江南に逃れた趙匡胤が，南宋を建てた。

④ ムアーウィヤが，イベリア半島に逃れて，後ウマイヤ朝を建てた。

解答・解説：別冊 p.52

20 南北アメリカと 19 世紀の文化

□ **問 1** 「アメリカ合衆国の歴史においては，民主主義的な理想が掲げられる一方で，人種差別が制度として根強く残った。例えば，大統領［ア］の時代には，白人男性による普通選挙制度が実現したが，黒人や先住民には，参政権が与えられなかった。［ア］は，奴隷制の廃止に反対し，先住民を［イ］に強制移住させる法律を成立させたことでも知られる。」

文章中の空欄［ア］と［イ］に入れる語の組合せとして正しいものを，次の ①～④ のうちから一つ選べ。 (2016 追試)

① **ア**―ジャクソン　**イ**―ミシシッピ川以東
② **ア**―ジャクソン　**イ**―ミシシッピ川以西
③ **ア**―マッキンリー　**イ**―ミシシッピ川以東
④ **ア**―マッキンリー　**イ**―ミシシッピ川以西

□ **問 2** 「アメリカ合衆国」の領土拡大について述べた文として正しいものを，次の ①～④ のうちから一つ選べ。 (2015 追試)

① 「マニフェスト＝デスティニー(明白な天命)」という考えによって，拡大を正当化した。
② 最初の大陸横断鉄道の完成とともに，フロンティアが消滅した。
③ スペインから，カリフォルニアを獲得した。
④ 米英戦争の結果，太平洋岸への移民が増加した。

□ **問 3** 「19 世紀中ごろまで，アメリカ合衆国の南部諸州では，アフリカ系の人々を労働力として使う奴隷制が存在していた。1852 年に［ア］が著した『アンクル＝トムの小屋』には，競売によって引き裂かれる奴隷家族の悲劇が描写され，奴隷制廃止運動を活気づけた。この運動は，最終的には 1863 年の［イ］による奴隷解放宣言として結実した。」

文章中の空欄［ア］と［イ］に入れる語の組合せとして正しいものを，次の ①～④ のうちから一つ選べ。 (2014 本試)

① **ア**—ストウ夫人　　　**イ**—リンカン

② **ア**—ストウ夫人　　　**イ**—ラ＝ファイエット

③ **ア**—ヘミングウェー　**イ**—リンカン

④ **ア**—ヘミングウェー　**イ**—ラ＝ファイエット

□ **問4**　繊維の原料や製品について述べた文として正しいものを，次の ①～④ のうちから一つ選べ。(2015 本試)

① 漢代の江南地方で，綿織物業が発展した。

② ジョン＝ケイが，紡績機の改良を行った。

③ アメリカ合衆国南部では，綿花のプランテーションが発達した。

④ 18 世紀後半に，ナイロン(合成繊維，石油を原料とした人工繊維)が開発された。

□ **問5**　アメリカ合衆国における差別やその解消について述べた文として**誤っているもの**を，次の ①～④ のうちから一つ選べ。(2023 追試)

① 19 世紀後半に流入数が増加した東欧や南欧からの移民は，既にヨーロッパから移住していた人々からの差別に直面した。

② 19 世紀後半に流入したアジア系移民に対し，移民の制限(排斥)を求める動きが広がった。

③ 強制移住法により，先住民はミシシッピ川以西に追放された。

④ 南北戦争後に奴隷制が廃止されたことにより，20 世紀初頭には南部でも黒人は法的な平等を獲得した。

□ **問6**　ラテンアメリカにおける宗教の歴史について述べた文として最も適当なものを，次の ①～④ のうちから一つ選べ。(2022 追試)

① インカ帝国の王は，太陽の子(太陽の化身)として崇(あが)められた。

② 聖職者イダルゴが，アルゼンチンで民衆蜂起を指導した。

③ いずれの宗主国の支配下においても，プロテスタントの宗教施設のみが全域に建てられた。

④ ピルグリム＝ファーザーズが入植した。

□ **問7**　次の文章中の空欄 **ア** と **イ** に入れる語句の組合せとして正しいものを，下の ①～④ のうちから一つ選べ。　(2022 追試)

メキシコやペルーでは， **ア** が導入され，先住民が過酷な労働を強いられました。植民地が独立を果たした後， **イ** であるクリオーリョが，指導者層を形成しました。

① **ア**―エンコミエンダ　**イ**―植民地生まれの白人
② **ア**―エンコミエンダ　**イ**―白人と先住民の混血
③ **ア**―ラティフンディア　**イ**―植民地生まれの白人
④ **ア**―ラティフンディア　**イ**―白人と先住民の混血

□ **問8**　「ラテンアメリカの住民」について述べた文として**誤っているもの**を，次の ①～④ のうちから一つ選べ。　(2014 追試)

① イベリア半島生まれの白人は，クリオーリョと呼ばれた。
② 白人と黒人の混血は，ムラート(ムラット)と呼ばれた。
③ 先住民と白人の混血は，メスティーソ(メスティソ)と呼ばれた。
④ 先住民は，インディオ(インディアン)と呼ばれた。

□ **問9**　「文学者や社会思想家」について述べた文として正しいものを，次の ①～④ のうちから一つ選べ。　(2016 追試)

① バルザックが，『人間喜劇』を著した。
② ドストエフスキーが，『狂人日記』を著した。
③ アダム＝スミスが，『資本論』を著した。
④ モンテーニュが，『パンセ(瞑想録)』を著した。

□ **問10**　『資本論』を著し，社会主義運動に大きな影響を与えた人物について述べた文として最も適当なものを，次の ①～④ のうちから一つ選べ。　(2022 追試)

① 『共産党宣言』の執筆に携わった。
② 無政府主義を唱えた。
③ 『法の精神』を著した。
④ 精神分析学の基礎を形成した。

□ **問 11** 歴史上の人物の学問的業績や評価について述べた次の文 **a** と **b** の正誤の組合せとして正しいものを，下の ①～④ のうちから一つ選べ。 (2017 追試)

a 啓蒙思想家のモンテスキューは，『法の精神』を著した。

b 実証主義を唱えたコントは，社会学の創始者と評される。

① **a**—正 **b**—正 ② **a**—正 **b**—誤

③ **a**—誤 **b**—正 ④ **a**—誤 **b**—誤

□ **問 12** ヨーロッパの文化について述べた次の文 **a**～**c** が，年代の古いものから順に正しく配列されているものを，下の ①～⑥ のうちから一つ選べ。

(2016 本試)

a ランケが，史料批判に基づく歴史学の基礎を作った。

b マキァヴェリが，『君主論』を著した。

c 喜劇作家として，モリエールが活躍した。

① **a→b→c** ② **a→c→b** ③ **b→a→c**

④ **b→c→a** ⑤ **c→a→b** ⑥ **c→b→a**

□ **問 13**「技術革新」について述べた次の文 **a** と **b** の正誤の組合せとして正しいものを，下の ①～④ のうちから一つ選べ。 (2015 追試)

a モールスが，電話機を発明した。

b エディソンが，電灯を発明した。

① **a**—正 **b**—正 ② **a**—正 **b**—誤

③ **a**—誤 **b**—正 ④ **a**—誤 **b**—誤

解答・解説：別冊 p.54

21 アジア諸地域の変動

□ **問1**　世界史上の憲法について述べた文として**誤っているもの**を，次の ①～④ のうちから一つ選べ。 (2017 本試)

① 日本国憲法は，主権在民(国民主権)をうたっている。

② アメリカ合衆国憲法は，三権分立の原則を採用した。

③ ヴァイマル憲法は，男女平等の普通選挙を規定した。

④ ミドハト憲法は，インドで制定された。

□ **問2**　「ベンガル」の地域の位置を示す次の地図中の **a** または **b** と，その地域におけるイギリスの植民地拡大について述べた下の文**ア**または**イ**との組合せとして正しいものを，下の ①～④ のうちから一つ選べ。 (2013 本試)

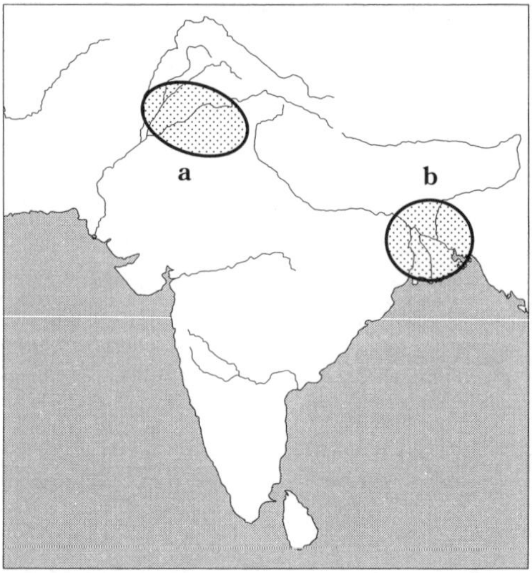

ア　プラッシーの戦いで勝利し，イギリス領インドの基礎を築いた。

イ　シク教徒の勢力を破り，支配地域を拡大した。

① **a**―**ア**　② **a**―**イ**　③ **b**―**ア**　④ **b**―**イ**

□ **問 3** 「傭兵」に関連して，世界史上の傭兵や兵士について述べた文として最も適当なものを，次の ①～④ のうちから一つ選べ。 (2017 本試)

① スパルタの重装歩兵軍は，マラトンの戦いで勝利した。

② 傭兵隊長オドアケルは，フランク国王を退位させた。

③ 傭兵隊長ヴァレンシュタインは，スウェーデン軍を指揮した。

④ イギリス支配への不満から，インド人傭兵(シパーヒー)の反乱が発生した。

□ **問 4** 「19 世紀」に，東南アジアで展開した植民地経済の歴史について述べた次の文 **a** と **b** の正誤の組合せとして正しいものを，下の ①～④ のうちから一つ選べ。 (2013 本試)

a オランダは，コーヒーなどの強制栽培制度をジャワに導入した。

b フランスは，マレー半島でゴムの生産を進めた。

① **a**—正 **b**—正 ② **a**—正 **b**—誤

③ **a**—誤 **b**—正 ④ **a**—誤 **b**—誤

□ **問 5** 「東南アジア」に関連して，次の年表に示した **a**～**d** の時期のうち，コンバウン朝が成立した時期として正しいものを，下の ①～④ のうちから一つ選べ。 (2015 追試)

a

1556 年 トゥングー朝(タウングー朝)が，チェンマイを占領した

b

1824 年 ビルマ戦争が起こった

c

1947 年 アウン＝サンが暗殺された

d

① **a** ② **b** ③ **c** ④ **d**

4章 諸地域の統合・変容

□ **問6**　「東南アジア」の歴史について述べた文として最も適当なものを，次の①～④のうちから一つ選べ。（2013追試）

① クメール人は，チャンパーを建てた。

② ビルマ人は，ドヴァーラヴァティを建てた。

③ ホー＝チ＝ミンは，東遊運動を進めた。

④ 阮福暎は，フランス人宣教師の支援を受けて阮朝を興した。

□ **問7**　「イギリス・インド・中国を結ぶ三角貿易」について述べた次の文**a**と**b**の正誤の組合せとして正しいものを，下の①～④のうちから一つ選べ。

（2014追試）

a　三角貿易以前，イギリスの対中国貿易は輸入超過であった。

b　アヘンは，中国からインドへと輸出された。

① **a**—正　**b**—正　② **a**—正　**b**—誤

③ **a**—誤　**b**—正　④ **a**—誤　**b**—誤

□ **問8**　次の風刺画中の楕円（だえん）で囲まれた人物は，中国の皇帝の前で平伏することを拒否した。楕円で囲まれた人物の名**あ**～**う**と，彼の君主が中国の皇帝に要求した内容**X**・**Y**との組合せとして正しいものを，下の①～⑥のうちから一つ選べ。（2021第2日程）

人物の名

あ　アマースト　**い**　マカートニー　**う**　ムラヴィヨフ

要求した内容

X 貿易上の規制の緩和　　**Y** 沿海州の割譲

① **あ—X**　② **あ－Y**　③ **い—X**

④ **い—Y**　⑤ **う—X**　⑥ **う—Y**

□ **問 9** 次の文章中の空欄 [ア] に入れる語と，空欄 [イ] に入れる人物の名との組合せとして正しいものを，下の ①～④ のうちから一つ選べ。(2022 追試)

日本への留学を強く提唱した張之洞は，中国の伝統的な学問や儒教倫理を根本としながら西洋の学問・技術を利用するという，[ア] の立場を当時とっていました。その点でも，儒教の影響が強い日本は，留学先として好まれたのでしょう。後に『狂人日記』や『阿Q正伝』を著した [イ] は日本留学経験者として有名です。

① **ア**—扶清滅洋　**イ**—魯　迅　② **ア**—扶清滅洋　**イ**—周恩来

③ **ア**—中体西用　**イ**—魯　迅　④ **ア**—中体西用　**イ**—周恩来

□ **問 10** 中国と他地域との間での文化や技術の伝播や受容について述べた文として正しいものを，次の ①～④ のうちから一つ選べ。(2017 追試)

① 中国からイランへ，ゾロアスター教が伝わった。

② プラノ＝カルピニが，暦の改定を行った。

③ 清で，中体西用の考えが用いられた。

④ タイで，漢字を基に字喃(チュノム，チューノム)が作られた。

□ **問 11** 「奴婢」の人々の解放について述べた次の文章中の [ア] と [イ] に入れる語の組合せとして正しいものを，下の ①～④ のうちから一つ選べ。

(2014 追試)

1894 年，朝鮮で [ア] を奉じる人々を主体とする農民戦争が起こると，これをきっかけに [イ] が勃発した。このような激動期に成立した開化派政権は，近代的な施策を進め，奴婢の廃止，人身売買の禁止等の改革を行った。

① **ア**—白蓮教　**イ**—日清戦争　② **ア**—白蓮教　**イ**—日露戦争

③ **ア**—東　学　**イ**—日清戦争　④ **ア**—東　学　**イ**—日露戦争

解答・解説：別冊 p.56

22 帝国主義と列強の世界分割

□ **問1** 「ヨーロッパ国際関係」に関連して，19 世紀末から 20 世紀初頭の国際関係について述べた次の文章中の空欄 **ア** と **イ** に入れる語の組合せとして正しいものを，下の ①～④ のうちから一つ選べ。 (2014 本試)

ロシアとの再保障条約を破棄し，海軍を増強した **ア** は，積極的な海外膨張策（世界政策）を採った。それにより，列強の国際関係は，**ア** と **イ** の対立を軸とするものになった。

① **ア**―ドイツ　**イ**―イギリス　② **ア**―ドイツ　**イ**―イタリア
③ **ア**―フランス　**イ**―イギリス　④ **ア**―フランス　**イ**―イタリア

□ **問2** 「工業化」に関連して，19 世紀末にイギリスに代わって世界一の工業国となった国の名として正しいものを，次の ①～④ のうちから一つ選べ。 (2013 追試)

① フランス　② イタリア　③ アメリカ　④ ロシア

□ **問3** 「アフリカ」の歴史について述べた文として**誤っているもの**を，次の ①～④ のうちから一つ選べ。 (2015 追試)

① 古代エジプトでは，太陽神ラーが信仰された。
② リビアが，第二次世界大戦後に独立した。
③ アイユーブ朝では，奴隷軍人（マムルーク）が用いられた。
④ オランダが，オレンジ自由国とトランスヴァール共和国を併合した。

□ **問4** 「都市」に関連して，ヨーロッパの都市の歴史について述べた文として正しいものを，次の ①～④ のうちから一つ選べ。 (2014 追試)

① ローマでは，前 6 世紀に共和政から王政に移行した。
② ロンバルディア同盟は，北ドイツ・バルト海沿岸諸都市を中心に結成された。
③ ギルドは，生産・流通の自由競争を促進した。
④ パリで，第 2 インターナショナルが結成された。

□ **問5**　世界史上の共和政や共和国について述べた次の文 **a** と **b** の正誤の組合せとして正しいものを，下の ①〜④ のうちから一つ選べ。　(2017 本試)

a　ルイ＝フィリップの亡命により，フランスで共和政が復活した。

b　列強がアフリカの植民地化を進めるなか，リベリア共和国は独立を維持した。

①　**a**─正　**b**─正　②　**a**─正　**b**─誤

③　**a**─誤　**b**─正　④　**a**─誤　**b**─誤

□ **問6**　イギリス議会の歴史について述べた文として最も適当なものを，次の ①〜④ のうちから一つ選べ。　(2022 追試)

①　国王が，三部会を招集した。

②　議会法によって，下院優位の原則が確立された。

③　トーリ党のウォルポール首相の下で，責任内閣制の基盤が作られた。

④　平民会の決議を元老院の承認なく国法とすることが定められた。

□ **問7**　19 世紀のイギリスがその植民地と行った貿易について述べた文として最も適当なものを，次の ①〜④ のうちから一つ選べ。　(2014 追試)

①　ジョージアから，生糸を輸入した。

②　エチオピアから，綿花を輸入した。

③　オーストラリアから，羊毛を輸入した。

④　ペルーから，麻を輸入した。

□ **問8**　ヨーロッパ諸国の海外植民地について述べた次の文 **a** と **b** の正誤の組合せとして正しいものを，下の ①〜④ のうちから一つ選べ。　(2016 本試)

a　ケベック植民地が，スペインによって建設された。

b　ニュージーランドが，イギリスの植民地となった。

①　**a**─正　**b**─正　②　**a**─正　**b**─誤

③　**a**─誤　**b**─正　④　**a**─誤　**b**─誤

□ **問9** オセアニアの歴史について述べた文として最も適当なものを，次の ①～④ のうちから一つ選べ。 (2022 本試)

① オーストラリアは，第二次世界大戦以前に白豪主義を廃止した。

② カメハメハが王国を建てたハワイは，フランスに併合された。

③ 現在のオセアニアにあたる地域が，クックによって探検された。

④ ニュージーランドは，カナダよりも前に自治領となった。

□ **問10** 次の年表に示した **a**～**d** の時期のうち，オーストラリア連邦が成立した時期として正しいものを，下の ①～④ のうちから一つ選べ。 (2015 本試)

a
1783 年　アメリカ合衆国の独立が承認される
b
1837 年　ヴィクトリア女王が即位する
c
1877 年　インド帝国が成立する
d

① **a**　② **b**　③ **c**　④ **d**

□ **問11** 「ドイツ」が，第一次世界大戦前に支配した植民地として正しいものを，次の ①～④ のうちから一つ選べ。 (2014 本試)

① マーシャル諸島　② プエルトリコ

③ スマトラ　④ タスマニア

□ **問12** メキシコ革命について述べた次の文章中の空欄 ア と イ に入れる語の組合せとして正しいものを，下の ①～④ のうちから一つ選べ。

(2017 本試)

メキシコでは，独裁体制を敷いていた［ア］大統領の打倒を目指す武装蜂起が，全国規模の革命に発展した。［イ］ら農民指導者に率いられた農民運動も革命に加わるなかで，民主的憲法が制定された。

① **ア**―ディアス　**イ**―サパタ　② **ア**―ディアス　**イ**―ペロン
③ **ア**―フランコ　**イ**―サパタ　④ **ア**―フランコ　**イ**―ペロン

□ **問13**「ラテンアメリカ」にかかわる出来事について述べた文として正しいものを，次の ①～④ のうちから一つ選べ。(2013 追試)

① 中央アンデスでは，マヤ文明が開花した。
② ボリビアは，オランダから独立した。
③ コルテスは，インカ帝国を征服した。
④ 1914 年に，パナマ運河が開通した。

□ **問14**「アメリカ＝メキシコ戦争」に関連して，19 世紀におけるアメリカ合衆国の領土拡大について述べた次の文 **a**～**c** が，年代の古いものから順に正しく配列されているものを，下の ①～⑥ のうちから一つ選べ。(2017 追試)

a　スペインから，グアムを獲得した。
b　メキシコから，カリフォルニアを獲得した。
c　フランスから，ルイジアナを購入した。

① **a→b→c**　② **a→c→b**　③ **b→a→c**
④ **b→c→a**　⑤ **c→a→b**　⑥ **c→b→a**

□ **問15**「［ア］をきっかけにアメリカ合衆国はキューバを保護国化した」の空欄［ア］の戦争後の，ラテンアメリカにおけるアメリカ合衆国の影響拡大について述べた文として最も適当なものを，次の ①～④ のうちから一つ選べ。(2023 追試)

① パナマに運河を開通させた。
② メキシコからカリフォルニアを獲得した。
③ プエルトリコを独立させた。
④ 相互の勢力圏を定める条約をポルトガルと締結した。

解答・解説：別冊 p.58

23 アジア諸国の改革と民族運動

□ **問1**　「税制」について述べた文として正しいものを，次の ①～④ のうちから一つ選べ。　(2015 本試)

① 後ウマイヤ朝では，イクター制が初めて実施された。

② 北宋では，賦役黄冊が作成された。

③ 植民地インドでは，ザミンダーリー制が運用された。

④ 「権利の章典(権利章典)」では，議会の承認なしでも，国王による課税が可能となった。

□ **問2**　「農民反乱」に関連して，世界史上の反乱について述べた文として正しいものを，次の ①～④ のうちから一つ選べ。　(2014 追試)

① シモン＝ド＝モンフォールは，ヘンリ 8 世に対して，反乱を起こした。

② スパルタクスは，コロヌスを率いて，反乱を起こした。

③ プガチョフの反乱をきっかけに，農奴制が廃止された。

④ イギリス支配への不満から，インド大反乱が起こった。

□ **問3**　インドにおける植民地支配について述べた文として正しいものを，次の ①～④ のうちから一つ選べ。　(2015 追試)

① インドとパキスタンが，東インド会社の支配から独立した。

② ティラクが，反英民族運動を起こした。

③ インド帝国では，すべての藩王国が廃止された。

④ 第二次世界大戦後に，ローラット法が制定された。

□ **問4**　次の年表に示した**a**〜**d**の時期のうち，全インド＝ムスリム連盟が結成された時期として正しいものを，下の ①〜④ のうちから一つ選べ。

(2017 本試)

a
1905 年　ベンガル分割令
b
1924 年　カリフ制廃止
c
1947 年　インド独立
d

① **a**　② **b**　③ **c**　④ **d**

□ **問5**　アジアのナショナリズムについて述べた次の文**a**と**b**の正誤の組合せとして正しいものを，下の ①〜④ のうちから一つ選べ。(2016 本試)

a　フィリピンで，タキン党が，イギリス支配に対する独立運動を主導した。

b　インドの国民会議派は，スワデーシ(国産品愛用)などの方針を掲げた。

① **a**—正　**b**—正　② **a**—正　**b**—誤

③ **a**—誤　**b**—正　④ **a**—誤　**b**—誤

□ **問6**　「植民地」に関連して，世界史上の植民地について述べた文として正しいものを，次の ①〜④ のうちから一つ選べ。(2015 本試)

① ジョゼフ＝チェンバレンが，アメリカ合衆国の植民相(植民地相)となった。

② トゥサン＝ルヴェルチュール(トゥサン＝ルーヴェルチュール，トゥサン＝ルーヴェルテュール)が，アルジェリアで反乱を起こした。

③ ホセ＝リサールが，フィリピンの民族運動を指導した。

④ ネルーが，マレーシアの独立を指導した。

□ **問7**　「19 世紀の朝鮮で起こった出来事の中には，干支を用いた呼び方をするもの」について述べた次の文**あ**～**う**が，年代の古いものから順に正しく配列されているものを，下の ①～⑥ のうちから一つ選べ。　(2021 第1日程)

あ　壬午の年に，軍隊による反乱が起こった。

い　甲申の年に，急進改革派がクーデタを起こした。

う　甲午の年に，東学による農民戦争が起こった。

①　**あ→い→う**　②　**あ→う→い**　③　**い→あ→う**

④　**い→う→あ**　⑤　**う→あ→い**　⑥　**う→い→あ**

□ **問8**　宗教をめぐる対立について述べた次の文章中の空欄［ア］と［イ］に入れる語の組合せとして正しいものを，下の ①～④ のうちから一つ選べ。

(2016 本試)

ヨーロッパ列強の進出が盛んになった 19 世紀後半の中国では，［ア］と呼ばれる反キリスト教運動が起こった。「扶清滅洋」を唱える［イ］による排外運動も，その流れをくんでいた。

①　**ア**―仇教運動　**イ**―義和団

②　**ア**―仇教運動　**イ**―上帝会(拝上帝会)

③　**ア**―新文化運動　**イ**―義和団

④　**ア**―新文化運動　**イ**―上帝会(拝上帝会)

□ **問9**　西太后が実権を持ち始めて以降の時期に清朝が行った事柄について述べた文として最も適当なものを，次の ①～④ のうちから一つ選べ。　(2023 追試)

①　キャフタ条約を結んだ。

②　憲法大綱を発布した。

③　軍機処を設置した。

④　関税自主権の回復に成功した。

□ **問 10**「ムスリムによる改革運動」に関連して，19 世紀以降のイスラーム社会における改革の動きについて述べた文として**誤っているもの**を，次の ①～④ のうちから一つ選べ。（2016 追試）

① アフガーニーが，ムスリムの連帯を唱えた。

② イランで，イスラーム同盟（サレカット＝イスラーム，サレカット＝イスラム）が結成された。

③ ウラービー（オラービー）が，立憲制を求める運動を起こした。

④ オスマン帝国で，ムスリムと非ムスリムの法的平等が認められた。

□ **問 11** 中国の文化について述べた文として最も適当なものを，次の ①～④ のうちから一つ選べ。（2021 第 2 日程）

① 四六騈儷体の復興が，柳宗元によって主張された。

② 授時暦は，イエズス会士の指導によって作成された。

③ 景徳鎮は，石炭の代表的な生産地であった。

④ 陳独秀が，『新青年』を刊行し，儒教道徳を批判した。

□ **問 12**「嗜好品（しこう）」の歴史について述べた次の文 **a**～**c** が，年代の古いものから順に正しく配列されているものを，下の ①～⑥ のうちから一つ選べ。（2015 追試）

a イギリスで，紅茶を飲む習慣が広まった。

b イランで，タバコ＝ボイコット運動が展開された。

c 中国で，茶の生産が広まった。

① **a → b → c**　② **a → c → b**　③ **b → a → c**

④ **b → c → a**　⑤ **c → a → b**　⑥ **c → b → a**

□ **問 13**「オスマン帝国から東トルキスタンに至る広範な地域」の歴史について述べた文として正しいものを，次の ①～④ のうちから一つ選べ。（2016 追試）

① 東トルキスタンは，明によって占領され，新疆と名付けられた。

② ブハラ＝ハン国は，ロシアの保護国とされた。

③ ウマイヤ朝では，トルコ人が奴隷軍人として採用された。

④ 中央アジアでは，匈奴の分裂をきっかけとして，トルコ化が進んだ。

解答・解説：別冊 p.60

24 第一次世界大戦とヴェルサイユ体制

□ **問1**　第一次世界大戦について述べた文として最も適当なものを，次の ①～④ のうちから一つ選べ。　(2023 本試)

① オスマン帝国が，協商国(連合国)側に立って参戦した。

② フランス軍が，タンネンベルクの戦いでドイツ軍の進撃を阻んだ。

③ イギリスが，インドから兵士を動員した。

④ レーニンが，十四か条の平和原則を発表した。

□ **問2**　「戦車」について述べた次の文 **a** と **b** の正誤の組合せとして正しいものを，下の ①～④ のうちから一つ選べ。　(2015 本試)

a　ヒッタイト人は，戦車の使用によって，モンゴル高原に勢力を広げた。

b　第一次世界大戦では，新兵器として戦車(タンク)が用いられた。

① **a**―正　**b**―正　② **a**―正　**b**―誤

③ **a**―誤　**b**―正　④ **a**―誤　**b**―誤

□ **問3**　「第一次世界大戦の講和条約」について述べた文として正しいものを，次の ①～④ のうちから一つ選べ。　(2014 本試)

① ライン同盟が結成された。

② 第１回対仏大同盟が成立した。

③ ドイツの軍備が制限された。

④ スイスの独立が承認された。

□ **問4**　「革命」について述べた次の文 **a** と **b** の正誤の組合せとして正しいものを，下の ①～④ のうちから一つ選べ。　(2014 追試)

a　アメリカ独立革命で，ジェファソンらが独立宣言を起草した。

b　ロシア革命で，「土地に関する布告」が出された。

① **a**―正　**b**―正　② **a**―正　**b**―誤

③ **a**―誤　**b**―正　④ **a**―誤　**b**―誤

□ **問5**　「第一次世界大戦」に関連して，第一次世界大戦中の秘密外交について述べた次の文章中の空欄［ア］と［イ］に入れる語の組合せとして正しいものを，下の ①～④ のうちから一つ選べ。　(2016 本試)

イギリスは，［ア］によってアラブ人に独立を約束したが，ほぼ同じ時期に，それと矛盾する他の秘密協定を連合国などと結んだ。このような秘密外交は，アメリカ大統領ウィルソンの［イ］で廃止が訴えられた。

① **ア**―フサイン＝マクマホン協定(フセイン＝マクマホン協定)
　イ―十四か条の平和原則
② **ア**―フサイン＝マクマホン協定(フセイン＝マクマホン協定)
　イ―平和十原則
③ **ア**―サイクス＝ピコ協定
　イ―十四か条の平和原則
④ **ア**―サイクス＝ピコ協定
　イ―平和十原則

□ **問6**　「シリア」の歴史について述べた文として正しいものを，次の ①～④ のうちから一つ選べ。　(2014 追試)

① 古王国時代のエジプトが進出し，ヒッタイトと争った。
② ムアーウィヤが，アッバース朝を開いた。
③ アイユーブ朝のセリム１世によって征服された。
④ 第一次世界大戦後，フランスの委任統治下に置かれた。

□ **問7**　「イタリア」の歴史について述べた文として**誤っているもの**を，次の ①～④ のうちから一つ選べ。　(2015 本試)

① ギリシア人が，南部に植民市を建設した。
② ランゴバルド王国が成立した。
③ メディチ家が，芸術家を保護した。
④ ヴィットーリオ＝エマヌエーレ２世が，ローマ進軍を組織した。

□ **問 8**　「中華民国」の歴史について述べた文として正しいものを，次の ①～④ のうちから一つ選べ。（2013 本試）

① 山東半島のフランス利権をめぐって，五・四運動が起こった。

② 五・四運動は，上海での学生デモから始まった。

③ パリ講和会議に参加し，ヴェルサイユ条約に調印した。

④ ワシントン会議に参加し，九か国条約に調印した。

□ **問 9**　「女性参政権運動」に関連して，次の年表に示した **a**～**d** の時期のうち，アメリカ合衆国で女性参政権が認められた時期として正しいものを，下の ①～④ のうちから一つ選べ。（2014 本試）

a	
1917 年	アメリカが，第一次世界大戦に参戦した
b	
1933 年	ニューディール政策が始まった
c	
1948 年	国連が，世界人権宣言を採択した
d	

① **a**　② **b**　③ **c**　④ **d**

□ **問 10**「禁止」に関連して，世界史上の禁止措置や禁止令について述べた文として正しいものを，次の ①～④ のうちから一つ選べ。（2015 追試）

① ウラディミル 1 世は，聖像崇拝を禁止した。

② アヘン戦争は，イギリスが，アヘン貿易を禁止したことによって起こった。

③ アメリカ合衆国で，禁酒法が制定された。

④ 漢の高祖は，焚書坑儒による思想統制を行った。

□ **問 11** 「大衆消費社会」に関連して，1920 年代のアメリカ合衆国の大衆文化について述べた文として**誤っているもの**を，次の ①～④ のうちから一つ選べ。

(2015 追試)

① ラジオが普及した。　② ジャズが流行した。

③ インターネットが普及した。　④ 映画が流行した。

□ **問 12** 「民主主義」に関連して，世界史上の政治制度の改革について述べた文として正しいものを，次の ①～④ のうちから一つ選べ。 (2016 追試)

① イギリスでは，第二次世界大戦後，初めて女性に選挙権が認められた。

② オーストラリアは，イギリス連邦の一員として，イギリス本国と対等な地位を獲得した。

③ チェコスロヴァキアで，ブレジネフが，「プラハの春」を指導した。

④ 中国で，林則徐が，変法運動(変法自強運動)を進めた。

□ **問 13** 「20 世紀」に起こった出来事について述べた文として正しいものを，次の ①～④ のうちから一つ選べ。 (2014 追試)

① ラテラノ(ラテラン)条約で，ブルガリアの独立が承認された。

② ウェストミンスター憲章で，イギリス本国と自治領は対等になった。

③ ドイツが，ローザンヌ条約を破棄して，ラインラントに進駐した。

④ ドーズ案によって，ロシアが支払う賠償金の条件が緩められた。

□ **問 14** 独裁的な指導者や政権について述べた文として正しいものを，次の ①～④ のうちから一つ選べ。 (2017 追試)

① スターリンは，反対派の大量粛清(大粛清)を行った。

② ピノチェトは，ブラジルで軍事政権を樹立した。

③ ロベスピエールは，総裁政府の主導権を握った。

④ ポル＝ポト政権は，インドで自国民の大量虐殺を行った。

解答・解説：別冊 p.62

25 アジア・アフリカ地域の民族運動

□ **問1**　1905年に定められたフランスの政治と宗教の分離に関する法律と類似する原則は，他の地域や時代においても見られた。そのような事例について述べた文として最も適当なものを，次の ①～④ のうちから一つ選べ。(2022試作)

① イングランドで，国王至上法が定められた。

② ムスタファ＝ケマルが，カリフ制を廃止した。

③ インドで，ベンガル分割令が出された。

④ アルタン＝ハンが，チベット仏教に帰依した。

□ **問2**　イスラーム法の担い手や，イスラーム世界における政治運動について述べた文として正しいものを，次の ①～④ のうちから一つ選べ。(2016本試)

① 法学などイスラーム諸学を修めた知識人は，ウンマと呼ばれる。

② イブン＝サウードは，サウジアラビア王国を建てた。

③ ターリバーン(タリバーン)は，チュニジアの政権を掌握した。

④ イラン＝イスラーム革命(イラン革命)により，カージャール朝が倒れた。

□ **問3**　「植民地インドにおける法整備」に関連して，次の年表に示した **a**～**d** の時期のうち，インドの民族運動の弾圧をねらったローラット法が公布された時期として正しいものを，下の ①～④ のうちから一つ選べ。(2013本試)

a	
1885年	インド国民会議の開催
b	
1906年	国民会議派，カルカッタ大会を開催
c	
1930年	第2次サティヤーグラハ(非暴力・不服従の抵抗運動)
d	

① **a**　② **b**　③ **c**　④ **d**

□ **問4**　植民地支配に対する抵抗運動の歴史について述べた文として正しいものを，次の ①～④ のうちから一つ選べ。　(2015 追試)

① インドでは，ガンディーが，「塩の行進」と呼ばれる運動を進めた。
② ビルマ(ミャンマー)では，シン＝フェイン党が，民族運動を進めた。
③ ベトナムでは，中国に留学生を送る東遊(ドンズー)運動が起こった。
④ アメリカ合衆国は，サン＝マルティンの指導の下，独立を達成した。

□ **問5**　「開港以来，諸外国と関わり，その文化を受容してきた上海」に関連して，上海で起こった出来事について述べた次の文 **a**～**c** が，年代の古いものから順に正しく配列されているものを，下の ①～⑥ のうちから一つ選べ。　(2016 追試)

a　上海クーデタによって，共産党が弾圧された。
b　上海事変が起こった。
c　中国国民党が成立した。

① **a → b → c**　② **a → c → b**　③ **b → a → c**
④ **b → c → a**　⑤ **c → a → b**　⑥ **c → b → a**

□ **問6**　「中国国民党」に関連して，国民政府の外交政策について述べた文として正しいものを，次の ①～④ のうちから一つ選べ。　(2016 本試)

① 二十一か条要求を受諾した。
② 関税自主権の回復を目指した。
③ 北京議定書に調印した。
④ 中ソ友好同盟相互援助条約を締結した。

□ **問7**　「長安(現在の西安)」で起こった歴史上の出来事について述べた文として正しいものを，次の ①～④ のうちから一つ選べ。　(2015 本試)

① 明の洪武帝が，都を置いた。
② 長征を終えた中国共産党が，根拠地を置いた。
③ 張学良が，蔣介石を捕らえ，抗日を強く迫る事件が起こった。
④ 日中戦争の期間中，国民政府が，首都を移した。

解答・解説：別冊 p.64

26 世界恐慌と第二次世界大戦

□ **問1**　第一次世界大戦後に起こった出来事について述べた文として正しいものを，次の ①～④ のうちから一つ選べ。 (2016 本試)

①　フーヴァー＝モラトリアムが宣言された。

②　イギリスで，第 3 回選挙法改正が行われた。

③　スイスの独立が認められた。

④　ブーランジェ事件が起こった。

□ **問2**　アメリカ合衆国の経済について述べた文として最も適当なものを，次の ①～④ のうちから一つ選べ。 (2019 本試)

①　第一次世界大戦の影響で，債権国から債務国に転じた。

②　革新主義の影響で，企業の独占が推進された。

③　テネシー川流域開発公社(TVA)の設立で，雇用の拡大が図られた。

④　アメリカ＝イギリス戦争(米英戦争)の影響で，工業化が抑制された。

□ **問3**　「世界恐慌が発生すると，各国は様々な政策的対応を迫られた」について述べた文として最も適当なものを，次の ①～④ のうちから一つ選べ。

(2022 追試)

①　ドイツでは，アウトバーンの建設など，大規模な公共事業が実施された。

②　イギリスでは，全国産業復興法(NIRA)が制定され，労働者の団結権が保障された。

③　ロシアでは，財政危機が発生し，失業保険が削減された。

④　フランスが，ブロック経済圏(フラン＝ブロック)を形成し，フランスの植民地と他国との自由貿易が実現された。

□ **問4**　「貨幣経済の浸透」に関連して，世界史上の貨幣や貨幣制度について述べた文として正しいものを，次の ①～④ のうちから一つ選べ。 (2017 本試)

① 東周では，五銖銭が発行された。

② 北魏では，交鈔と呼ばれる紙幣が発行された。

③ ストルイピン内閣は，レンテンマルクを発行した。

④ マクドナルドの挙国一致内閣は，金本位制を停止した。

□ **問5** スペイン内戦について述べた次の文 **a** と **b** の正誤の組合せとして正しいものを，下の ①～④ のうちから一つ選べ。　(2014 本試)

a フランスは，不干渉政策を採った。

b 人民戦線側には，他の国からも義勇兵が参加した。

① **a**―正 **b**―正　② **a**―正 **b**―誤

③ **a**―誤 **b**―正　④ **a**―誤 **b**―誤

□ **問6** 「アフリカ」の歴史について述べた次の文 **a** と **b** の正誤の組合せとして正しいものを，下の ①～④ のうちから一つ選べ。　(2015 追試)

a フランスは，3C 政策を採った。

b ムッソリーニは，エチオピアを侵略した。

① **a**―正 **b**―正　② **a**―正 **b**―誤

③ **a**―誤 **b**―正　④ **a**―誤 **b**―誤

□ **問7** 世界史上の思想統制について述べた文として最も適当なものを，次の ①～④ のうちから一つ選べ。　(2021 第 1 日程)

① 始皇帝は，民間の書物を医薬・占い・農業関係のものも含めて焼き捨てるように命じた。

② エフェソス公会議で教皇の至上権が再確認され，禁書目録を定めて異端弾圧が強化された。

③ ナチス体制下では，ゲシュタポにより国民生活が厳しく統制され，言論の自由が奪われた。

④ 冷戦下のイギリスで，共産主義者を排除する運動が，マッカーシーによって盛んになった。

□ **問8** 「オーストリア出身のヒトラーは，第一次世界大戦で志願兵としてドイツ軍に従軍した後，戦後はナチ党で弁士として名を上げ，ドイツ国籍の取得から1年で首相に就任した。ヒトラーを首相に任命したのは，第一次世界大戦の［ア］の戦いでロシアに勝利して以来，ドイツで英雄とみなされていた大統領［イ］だった。当初，首相としては短命に終わるとも思われていたヒトラーだったが，同大統領が死去すると，国民投票で90%近い賛成を得て，首相と大統領の権限を併せ持つ総統に就任した。政敵が弾圧され，国会も形骸化するなか，首相任命からわずか1年半にして，ヒトラーの独裁的権力が確立したのである。」

文章中の空欄［ア］と［イ］に入れる語の組合せとして正しいものを，次の ①～④ のうちから一つ選べ。 (2017 追試)

① **ア**―ワーテルロー　**イ**―アイゼンハワー
② **ア**―ワーテルロー　**イ**―ヒンデンブルク
③ **ア**―タンネンベルク　**イ**―アイゼンハワー
④ **ア**―タンネンベルク　**イ**―ヒンデンブルク

□ **問9** 「思想統制」に関連して，思想・言論・宗教に対する国家の介入について述べた文として正しいものを，次の ①～④ のうちから一つ選べ。 (2017 本試)

① 朱全忠は，文字の獄で，反清思想を弾圧した。
② 曹操は，焚書・坑儒を行い，儒者を弾圧した。
③ 日本では，治安維持法により，言論や社会運動の抑制が図られた。
④ スペインでは，カトリック教徒解放法により，カトリック教徒の公職への就任が可能となった。

□ **問10** 「第二次世界大戦中」に起こった出来事について述べた文として正しいものを，次の ①～④ のうちから一つ選べ。 (2013 本試)

① フィンランドが独立した。
② 日本軍が，シンガポールを占領した。
③ アジア＝アフリカ会議が，バンドンで開かれた。
④ コミンテルンが結成された。

□ **問 11**「第二次世界大戦中」のフランスについて述べた次の文章中の空欄 **ア** と **イ** に入れる語の組合せとして正しいものを，下の ①～④ のうちから一つ選べ。 (2014 本試)

ドイツに降伏したフランスは，北部が占領下に置かれ，南部に成立した **ア** 政府は，ドイツに協力する政策を採った。一方，**イ** は降伏を拒否し，ロンドンに自由フランスを組織して，徹底抗戦を呼び掛けた。

① **ア**―ヴィシー　**イ**―ペタン
② **ア**―ヴィシー　**イ**―ド＝ゴール
③ **ア**―アヴィニョン　**イ**―ペタン
④ **ア**―アヴィニョン　**イ**―ド＝ゴール

□ **問 12**「会戦」に関連して，世界史上の戦いについて述べた文として**誤っているもの**を，次の ①～④ のうちから一つ選べ。 (2013 追試)

① アテネとテーベの連合軍は，カイロネイアの戦いでフィリッポス 2 世に敗れた。
② ウマイヤ朝軍は，トゥール・ポワティエ間の戦いでカール＝マルテルに敗れた。
③ フランス海軍は，トラファルガーの海戦でイギリス海軍に敗れた。
④ ソ連軍は，スターリングラードの戦いでドイツ軍に敗れた。

□ **問 13**「国民政府が統一した後の中国政治」について述べた文として正しいものを，次の ①～④ のうちから一つ選べ。 (2017 本試)

① アメリカ合衆国・ソ連・中国の 3 国首脳によって，カイロ会談が行われた。
② 汪兆銘を首班とする親日政権（対日協力政権）が建てられた。
③ 重慶で，中華ソヴィエト共和国臨時政府が成立した。
④ 中国国民党が，八・一宣言を出した。

解答・解説：別冊 p.66

大学入学共通テスト③

A　あるクラスで，明治期の政治小説に描かれた国際情勢についての授業が行われている。

(2022 本試)

先　生：明治期の日本では政治小説と呼ばれる新しい形式の文学が流行しました。その代表作である『佳人之奇遇（かじんのきぐう）』は，作者の東海散士こと柴四朗（しばしろう）の，当時としてまだ珍しかった海外経験が盛り込まれていました。

小　野：例えばどういう経験が反映されているのですか。

先　生：柴は 1870 年代末よりアメリカ合衆国に経済学を学ぶために留学していました。そこでの出会いや思い出が，ヨーロッパの貴族の令嬢や民族運動の女性闘士といったこの小説のヒロインの設定に活かされていると考えられています。

鈴　木：そのヒロインたちは実在するのですか。

先　生：実在したかどうかは分かっていません。ただヒロイン以外では，実際に会ったことが確認されている人物が登場します。例えば柴は 1886 年より，大臣秘書官として欧州視察に同行します。その途上で，[ア] と呼ばれる革命の時期に活躍したハンガリー出身のコシュートに会っています。また 1881 年にエジプトで民族運動を起こしたものの鎮圧され，セイロン島に流されていた [イ] にも面会しています。どうして柴は，こういう人たちに会いたかったのだと思いますか。

渡　辺：どちらもヨーロッパの大きな国と戦った人たちですね。1880 年代というと，領事裁判権を含む，日本に有利な [ウ] を結んだ後の時期である一方，[エ] に向け，西洋列強と交渉が進められる時期ですね。柴は，ヨーロッパの大国に対抗した人々に共感し，その行動から何かを学びたかったのかもしれませんね。

先　生：恐らくそういうことだと思います。このように，明治期には国境を越えた人の移動や様々な人との交流が盛んになり，そこから得られた情報が日本の政治思想の形成に大きな影響を与えていくことになります。

□ **問1**　前の文章中の空欄 **ア** の時期に起こった出来事について述べた文として最も適当なものを，次の ①～④ のうちから一つ選べ。

① ロシアで，立憲民主党を中心に臨時政府が樹立された。

② オスマン帝国で，青年トルコ革命が起こった。

③ ドイツで，フランクフルト国民議会が開催された。

④ オーストリアで，市民が蜂起し，ディズレーリが失脚した。

□ **問2**　前の文章中の空欄 **イ** の人物について述べた文**あ・い**と，その人物が主導した民族運動を鎮圧した国**X・Y**との組合せとして正しいものを，後の ①～④ のうちから一つ選べ。

イ の人物について述べた文

あ　エジプト総督に就任した。

い　「エジプト人のためのエジプト」というスローガンを掲げた。

民族運動を鎮圧した国

X　イタリア　　**Y**　イギリス

① **あ**—**X**　② **あ**—**Y**　③ **い**—**X**　④ **い**—**Y**

□ **問3**　前の文章中の空欄 **ウ** に入れる条約名と，空欄 **エ** に入れる語句との組合せとして正しいものを，次の ①～④ のうちから一つ選べ。

① **ウ**—日朝修好条規　**エ**—南樺太の領有

② **ウ**—日朝修好条規　**エ**—不平等条約の改正

③ **ウ**—日清修好条規　**エ**—南樺太の領有

④ **ウ**—日清修好条規　**エ**—不平等条約の改正

B　あるクラスで，世界史の授業が行われている。　(2023 本試)

先　生：次の**表**は，1929 年の東南アジアにおける 4 つの植民地の主要な輸出先とその比率を示しています。**表**中のインドネシアは，現在のインドネシアに当たる植民地を指します。マラヤ(マレー)には，海峡植民地が含まれています。ここからどのようなことが分かりますか。

表　1929 年の東南アジア各地の輸出先とその比率(輸出額上位 5 地域)　(単位：%)

インドネシア		マラヤ		フィリピン		インドシナ	
マラヤ	28.1	ア	42.2	ア	75.7	香　港	32.1
オランダ	21.0	イギリス	14.3	日　本	4.3	フランス	22.1
ア	14.5	インドネシア	9.4	イギリス	4.3	マラヤ	10.8
インド	5.8	日　本	4.2	中　国	1.9	インドネシア	9.8
イギリス	5.6	フランス	4.1	フランス	1.4	中　国	7.2

(『岩波講座　東南アジア史 6』より作成)

石　田：植民地は，宗主国としか貿易できないと思っていましたが，そうでもないですね。4 地域の中で宗主国がトップなのは一つだけです。

先　生：そのとおりです。宗主国との貿易の比率が高い地域とそうでない地域があり，輸出品や宗主国によって事情が異なります。ⓐマラヤの宗主国が進めた自由貿易政策は東南アジア全体に影響を与えました。

佐　藤：マラヤは，ア への輸出の比率が高いですね。なぜですか。

先　生：マラヤの主要な輸出品はゴムでした。ⓑ統計が取られた時点で，ア において，ゴムの需要が高まっていたのです。

工　藤：インドシナも特徴的ですね。香港，中国といった東アジアの諸地域や，同じ東南アジアの植民地が上位に名を連ねています。

先　生：インドシナの主要な輸出品は米でした。アジア地域の開発による人口増加に伴い，食糧として米の需要が大きかったと考えられます。

石　田：この時期の東南アジアは植民地として政治的に分割されましたが，経済的には近隣の諸地域との関係が強かったのですね。他の地域でも同じことが言えるのでしょうか。

先　生：それはまた調べてみましょう。東南アジアにおいても，ちょうどこの年にニューヨークで起こった株価暴落を契機として，この構造は変化していくことになります。

□ **問1**　下線部ⓐの歴史について述べた文として最も適当なものを，次の ①～④ のうちから一つ選べ。

① シンガポールを獲得して，東南アジアにおける交易の拠点とした。

② 19 世紀後半に，自国の東インド会社の貿易独占権を廃止した。

③ 清との間に，公行の廃止を定めた北京議定書を結んだ。

④ オタワ会議（オタワ連邦会議）により，スターリング＝ブロック（ポンド＝ブロック）を廃止した。

□ **問2**　文章中の空欄 ア に入れる国の名**あ・い**と，下線部ⓑの背景として最も適当な文**X・Y**との組合せとして正しいものを，後の ①～④ のうちから一つ選べ。

ア に入れる国の名

あ　ドイツ　　　**い**　アメリカ合衆国

下線部ⓑの背景として最も適当な文

X　大量生産方式により，自動車の普及が進んだ。

Y　アウトバーンの建設が進められた。

① **あ―X**　　② **あ―Y**　　③ **い―X**　　④ **い―Y**

□ **問3**　前の文章を参考にしつつ，1929 年当時の東南アジア各地の経済と貿易について述べた文として最も適当なものを，次の ①～④ のうちから一つ選べ。

① コーヒー栽培が進められたインドネシアは，宗主国向けの輸出額の割合が 4 地域の中で最も低かった。

② ゴムプランテーション（ゴム園）の労働者として移民が流入したマラヤは，インドシナの輸出額上位 5 地域の中に入っていた。

③ フィリピンでは強制栽培制度による商品作物生産がなされており，アジア向けの輸出額は全体の 2 割以下であった。

④ インドシナの輸出額において最大であった地域は，インドシナと同じ宗主国の植民地であった。

解答・解説：別冊 p.70

27 戦後世界秩序の形成と冷戦

□ **問 1** 第二次世界大戦後に形成された国際社会の新たな枠組みについて述べた文として正しいものを，次の ①～④ のうちから一つ選べ。 (2016 本試)

① オーストラリアが，太平洋安全保障条約(ANZUS)に参加した。

② コミンテルンが結成された。

③ 四か国条約が締結された。

④ パクス＝ブリタニカ(パックス＝ブリタニカ)と呼ばれる状況が実現した。

□ **問 2** 「冷戦」について述べた文として**誤っているもの**を，次の ①～④ のうちから一つ選べ。 (2015 本試)

① 金日成を首相として，朝鮮民主主義人民共和国の成立が宣言された。

② 1949 年に，ドイツ民主共和国の成立が宣言された。

③ ポツダム会談によって，冷戦が終結した。

④ アメリカ合衆国が，トルーマン＝ドクトリンを発表した。

□ **問 3** 冷戦について述べた文として適当なものを，次の ①～④ のうちから一つ選べ。 (2017 試行)

① イギリスのチャーチルは，東西陣営の境界を「鉄のカーテン」と呼んだ。

② ソ連は，アメリカ合衆国の拡大を阻止するため，「封じ込め政策」を採った。

③ チェコスロヴァキアの「プラハの春」による自由化は，ソ連に支持された。

④ フルシチョフがスターリン批判を行ったことで，東西関係が緊張した。

□ **問 4** 「中華人民共和国」の対外関係について述べた次の文 **a～c** が，年代の古いものから順に正しく配列されているものを，下の ①～⑥ のうちから一つ選べ。 (2014 本試)

a 日中平和友好条約を締結した。

b 中ソ国境紛争が起こった。

c アメリカのニクソン大統領が訪問した。

① **a → b → c**　② **a → c → b**　③ **b → a → c**
④ **b → c → a**　⑤ **c → a → b**　⑥ **c → b → a**

□ **問5**　「貿易」について述べた次の文**a**と**b**の正誤の組合せとして正しいものを，下の ①～④ のうちから一つ選べ。　(2014 本試)

a　琉球王国は，明と朝貢貿易を行った。

b　保護貿易を強化する目的で，GATT（関税と貿易に関する一般協定）が結ばれた。

① **a**—正　**b**—正　② **a**—正　**b**—誤
③ **a**—誤　**b**—正　④ **a**—誤　**b**—誤

□ **問6**　「ヨーロッパ統合」について述べた次の文中の空欄 **ア** と **イ** に入れる語の組合せとして正しいものを，下の ①～④ のうちから一つ選べ。

(2014 本試)

1950年代，西ドイツは，経済復興を実現した首相 **ア** の下で，ヨーロッパ石炭鉄鋼共同体（ECSC）や **イ** の創設に参画し，ヨーロッパ統合推進の中心的役割を担った。

① **ア**—アデナウアー　**イ**—ヨーロッパ原子力共同体（EURATOM）
② **ア**—アデナウアー　**イ**—ヨーロッパ自由貿易連合（EFTA）
③ **ア**—コール　**イ**—ヨーロッパ原子力共同体（EURATOM）
④ **ア**—コール　**イ**—ヨーロッパ自由貿易連合（EFTA）

□ **問7**　中東地域では多くの戦争が繰り返されてきた。そのうちの三つについて述べた次の文**あ**～**う**が，年代の古いものから順に正しく配列されているものを，下の ①～⑥ のうちから一つ選べ。　(2021 第2日程)

あ　イスラエルとアラブ諸国の戦争に際して，石油危機が起こった。

い　スエズ運河国有化宣言をめぐる戦争に，イスラエルが参加した。

う　イスラエルが，シナイ半島・ヨルダン川西岸地区などを占領した。

① **あ→い→う**　② **あ→う→い**　③ **い→あ→う**
④ **い→う→あ**　⑤ **う→あ→い**　⑥ **う→い→あ**

解答・解説：別冊 p.72

28 第三世界の台頭と緊張緩和

□ **問1** 東南アジアの歴史について述べた次の文**a**～**c**が，年代の古いものから順に正しく配列されているものを，下の ①～⑥ のうちから一つ選べ。

(2018 追試)

a 東南アジア諸国連合(ASEAN)が結成された。

b 東ティモールが独立した。

c 東南アジア条約機構(SEATO)が結成された。

① **a→b→c**　② **a→c→b**　③ **b→a→c**

④ **b→c→a**　⑤ **c→a→b**　⑥ **c→b→a**

□ **問2** 「ベトナム」の歴史について述べた次の文章中の空欄 **ア** と **イ** に入れる語の組合せとして正しいものを，下の ①～④ のうちから一つ選べ。

(2015 追試)

1960 年，南ベトナム解放民族戦線は， **ア** と連携して，ゲリラ戦を展開した。この戦闘に介入した **イ** は，1965 年に北爆を開始した。

① **ア**―ベトナム民主共和国　**イ**―アメリカ合衆国

② **ア**―ベトナム民主共和国　**イ**―フランス

③ **ア**―タ　イ　**イ**―アメリカ合衆国

④ **ア**―タ　イ　**イ**―フランス

□ **問3** 「アフリカの民族運動」について述べた次の文章中の空欄 **ア** と **イ** に入れる語の組合せとして正しいものを，下の ①～④ のうちから一つ選べ。

(2018 追試)

20 世紀には，南アフリカで **ア** が人種差別の撤廃を求めた。ガーナでは，民族運動を指導した **イ** が，後に初代大統領となった。

① **ア**―アフリカ民族会議(ANC)　**イ**―エンクルマ

② **ア**―アフリカ民族会議(ANC)　**イ**―デクラーク

③ **ア**―民族解放戦線(FLN)　**イ**―エンクルマ

④ **ア**―民族解放戦線(FLN)　**イ**―デクラーク

□ **問4**　シンガポールの歴史について述べた文として最も適当なものを，次の ①～④ のうちから一つ選べ。　(2021 第 2 日程)

① 第二次世界大戦前に，マラヤ連邦に加わった。

② 新興工業経済地域(NIES)の一つに数えられるようになった。

③ インド系住民を中心として，マレーシアから独立した。

④ 20 世紀に，海峡植民地として成立した。

□ **問5**　民主化政策や民主化運動について述べた文として正しいものを，次の ①～④ のうちから一つ選べ。　(2017 本試)

① ポーランドでは，チャウシェスクの独裁体制が崩壊した。

② 韓国では，朴正熙によって民主化が推進された。

③ 中国では，九・三〇事件によって民主化運動が抑圧された。

④ 台湾では，李登輝によって民主化が推進された。

□ **問6**　外交の歴史について述べた文として波線部の正しいものを，次の ①～④ のうちから一つ選べ。　(2014 本試)

① アメリカ合衆国のカストロは，善隣外交を推進した。

② 西ドイツのブラントは，東方外交を推進した。

③ ドイツのアイゼンハウアーは，協調外交を推進した。

④ アメリカ合衆国のマッキンリーは，棍棒外交を推進した。

□ **問7**　「人種に基づく法的不平等」に関連して，アメリカ合衆国における法的平等を求める思想や運動について述べた次の文 **a** と **b** の正誤の組合せとして正しいものを，下の ①～④ のうちから一つ選べ。　(2016 追試)

a　人種差別への反対から，革新主義が起こった。

b　キング牧師が，公民権運動を主導した。

① **a**―正　**b**―正　② **a**―正　**b**―誤

③ **a**―誤　**b**―正　④ **a**―誤　**b**―誤

解答・解説：別冊 p.74

29 こんにちの世界

□ **問1**　アフガニスタンの歴史について述べた文として最も適当なものを，次の①～④のうちから一つ選べ。(2023 追試)

①　ガズナ朝が，セルジューク朝から自立(独立)した。

②　バクトリアが，アケメネス朝から自立した。

③　トルコ＝イスラーム文化が，クシャーナ朝の時代に発展した。

④　20 世紀に，ソ連軍の侵攻を受けた。

□ **問2**　「1978 年」に関連して，1970 年代に起こった出来事について述べた文として正しいものを，次の①～④のうちから一つ選べ。(2015 追試)

①　チェチェン紛争が起こった。

②　ドル＝ショックが起こった。

③　李登輝政権が，民主化を進めた。

④　世界貿易機関(WTO)が組織された。

□ **問3**　「中国」の歴史について述べた次の文 **a** と **b** の正誤の組合せとして正しいものを，下の①～④のうちから一つ選べ。(2014 追試)

a　大躍進運動(大躍進政策)で，農村に人民公社が設立された。

b　「四つの現代化」が打ち出され，第 1 次五か年計画が始まった。

①　**a**―正　**b**―正　　②　**a**―正　**b**―誤

③　**a**―誤　**b**―正　　④　**a**―誤　**b**―誤

□ **問4**　「台湾」の歴史について述べた次の文 **a** と **b** の正誤の組合せとして正しいものを，下の①～④のうちから一つ選べ。(2017 追試)

a　鄭成功は，オランダ人の勢力を駆逐した。

b　国民党の陳水扁は，総統選挙で当選した。

①　**a**―正　**b**―正　　②　**a**―正　**b**―誤

③　**a**―誤　**b**―正　　④　**a**―誤　**b**―誤

□ **問5** 「改革･開放の時代」に関連して，次の年表に示した **a**〜**d** の時期のうち，改革・開放政策の下で人民公社の解体が始まった時期として正しいものを，下の ①〜④ のうちから一つ選べ。 (2016 本試)

a
1953 年　第 1 次五か年計画が始まる
b
1976 年　周恩来が死去
c
1992 年　「南巡講話」が行われる
d

① **a**　② **b**　③ **c**　④ **d**

□ **問6** 「ソローの『市民の反抗』は，20 世紀の民衆運動に大きな影響を与えた」に関連して，20 世紀の民衆運動の指導者と評される人物の事績について述べた文として正しいものを，次の ①〜④ のうちから一つ選べ。 (2017 追試)

① ティラクは，インド国民会議派の穏健派を率いた。
② マンデラは，反アパルトヘイト運動を指導した。
③ アラファトは，エジプト革命を指導した。
④ スカルノは，シンガポールの初代大統領に就任した。

□ **問7** 移動の自由や職業選択の自由を含む人権の歴史について述べた文として**誤っているもの**を，次の ①〜④ のうちから一つ選べ。 (2023 追試)

① 国際連盟に，国際労働機関が付置(付設)された。
② 日本で，基本的人権を尊重する憲法が公布された。
③ ドイツ民主共和国が建国された後，ベルリンの壁が構築された。
④ アパルトヘイト(人種隔離政策)が撤廃された後，南アフリカ共和国が成立した。

□ **問8** 「20世紀」に関連して，次のグラフは，1960年から1980年にかけてのイギリス・フランス・西ドイツの自動車生産台数の推移を示したものである。このグラフから読み取れる内容について，下の文 **a** と **b** の正誤の組合せとして正しいものを，下の ①～④ のうちから一つ選べ。 (2015追試)

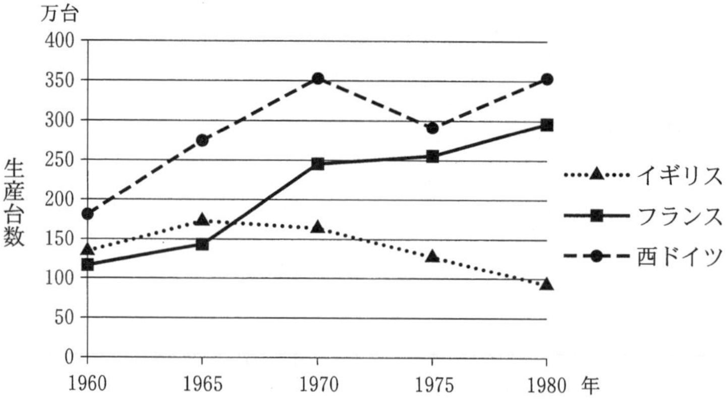

3か国の自動車生産台数の推移

(ジェフリー＝オーウェン『帝国からヨーロッパへ』より作成)

a ベルリンの壁の建設以降，西ドイツの生産台数は，常にイギリスの2倍以上である。

b イギリスのヨーロッパ共同体(EC)加盟以降，イギリスの生産台数は，常にフランスを下回っている。

① **a**―正 **b**―正 ② **a**―正 **b**―誤

③ **a**―誤 **b**―正 ④ **a**―誤 **b**―誤

□ **問9** 「1997年」に関連して，1990年代に起こった出来事について述べた文として**誤っているもの**を，次の ①～④ のうちから一つ選べ。 (2014本試)

① ソ連が解体した。

② 湾岸戦争が起こった。

③ インドとパキスタンが，相次いで核実験を行った。

④ 朴正煕が，大韓民国大統領に就任した。

□ **問10**「自然と人間生活の調和を目指す思想」に関連して，次の文章中の空欄 **ア** と **イ** に入れる語の組合せとして正しいものを，下の ①～④ のうちから一つ選べ。 (2017追試)

地球環境問題への意識の高まりによって，1972年にストックホルムで，**ア** が開催された。その後，西ドイツでは，環境保護推進を掲げる **イ** が結成された。

① **ア**―地球サミット　　**イ**―社会民主党
② **ア**―地球サミット　　**イ**―緑の党
③ **ア**―国連人間環境会議　　**イ**―社会民主党
④ **ア**―国連人間環境会議　　**イ**―緑の党

□ **問11** 次のグラフについて，矢印Xの時期のアメリカ合衆国大統領の外交に関する事績として正しいものを，次の ①～④ のうちから一つ選べ。

(2018試行・改)

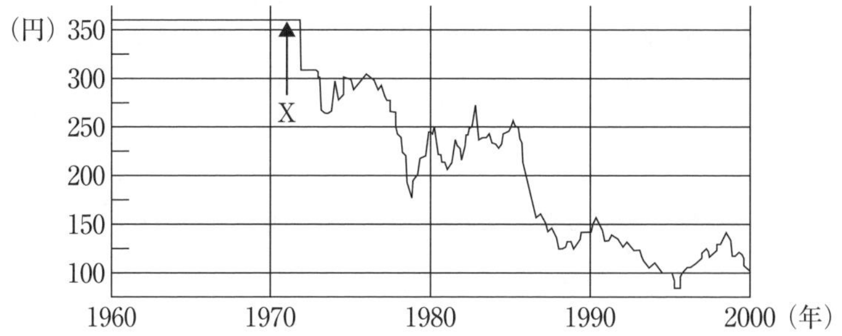

米ドルに対する日本円の為替相場の推移

① ヨーロッパ諸国とアメリカ大陸の相互不干渉を表明した。
② 国交のない中華人民共和国を訪問し，関係改善に踏み出した。
③ 共産主義陣営に対し，封じ込め政策を開始した。
④ ラテンアメリカ諸国に対し，善隣外交を展開した。

解答・解説：別冊 p.76

大学入学共通テスト④

A　次の**資料**は，イギリス人作家ジョージ＝オーウェルがスペイン内戦に人民戦線側で従軍した体験に基づいて著し，内戦のさなかに出版した書物の一節である。(引用文には，省略したり，改めたりしたところがある。)　(2022 本試)

資　料

> 7月18日に戦闘が始まった時，ヨーロッパの反ファシストの人々は皆，希望に身震いしたことだろう。ついに，この地で民主主義がファシズムに対して，はっきりと立ち上がったからだ。この10年に満たない数年間，民主的といわれる国々は，ファシズムに負け続けるという歴史を歩んできた。例えば，ⓐ日本人の望むままの行動が容認されてしまった。ヒトラーは権力の座に上りつめ，あらゆる党派の政敵の虐殺に手を付け始めた。そして，ⓑ53ほどの国々が戦争の舞台裏で偽善的な言い合いをしている間に，ムッソリーニはアビシニア人を爆撃した。しかしスペインでは，穏健な左翼政府が転覆されかかった時，予想に違(たが)って，スペインの人々は立ち上がったのだ。それは潮の変わり目のように思えたし，恐らくはそうだった。

上の**資料**から窺(うかが)えるように，オーウェルは，ヒトラーやムッソリーニの政権と同様に，同じ時期の日本の政権をファシズム体制だとみなしていた。ⓒ世界史の教科書には，これと同様の見方をするものと，日本の戦時体制とファシズムとを区別する立場から書かれているものとがある。どちらの見方にも，相応の根拠があると考えられる。

□ **問1**　下線部ⓐは，オーウェルが，日本あるいは日本軍が関わった出来事を指して述べたものである。この出来事について述べた文として最も適当なものを，次の ①～④ のうちから一つ選べ。

① ノモンハン事件で，ソ連軍に勝利した。

② 満州国(満洲国)を建国した。

③ 台湾を獲得した。

④ 真珠湾を攻撃した。

□ **問2**　前の**資料**中で，ヒトラーが「虐殺」しようとした「あらゆる党派の政敵」と表現されている組織の一つと，下線部ⓑに関連した出来事について述べた文との組合せとして正しいものを，次の ①～④ のうちから一つ選べ。

① 共産党―国際連盟はイタリアの行為を非難したが，エチオピアに対する侵略を阻むことができなかった。

② 共産党―九か国条約に基づいて，その締結国がイタリアを非難するにとどまり，エチオピアは植民地化された。

③ 第1インターナショナル―不戦条約(ケロッグ＝ブリアン条約)は，イタリアによるリビアの併合を阻むことができなかった。

④ 第1インターナショナル―国際連盟はイタリアに対して経済制裁を加えるにとどまり，リビアの併合を阻むことができなかった。

□ **問3**　下線部ⓒについて議論する場合，異なる見方**あ・い**と，それぞれの根拠として最も適当な文**W～Z**との組合せとして正しいものを，後の ①～⑥ のうちから一つ選べ。

異なる見方

あ　スペイン内戦の時期から第二次世界大戦期にかけての日本の政権は，ファシズム体制だったと言える。

い　スペイン内戦の時期から第二次世界大戦期にかけての日本の政権は，ファシズムとは区別される体制だったと言える。

それぞれの根拠

W　ソ連を脅威とみなし，共産主義運動に対抗する陣営に加わった。

X　国民社会主義を標榜し，経済活動を統制した。

Y　政党の指導者が，独裁者として国家権力を握ることがなかった。

Z　軍事力による支配圏拡大を行わなかった。

① **あ―W，い―Y**　　② **あ―X，い―W**

③ **あ―Y，い―Z**　　④ **あ―Z，い―X**

⑤ **あ―W，い―Z**　　⑥ **あ―X，い―Y**

5章 地球世界の課題

B　冷戦期，ⓐソ連は　**ア**　にミサイル基地を建設しようとした。アメリカ合衆国は基地建設に反発して，　**ア**　を海上封鎖し，米ソ間で一触即発の危機が発生した。米ソ首脳による交渉の結果，ソ連はミサイルの撤去に同意し，衝突が回避された。次の**資料**は，その出来事の翌年に，当時のアメリカ合衆国大統領が行った演説である。(引用文には，省略したり，改めたりしたところがある。)

(2022 本試)

資　料

我々はジュネーヴで，軍拡競争の緊張を緩和し，偶発的な戦争の危険を軽減する軍備管理の第一段階について，交渉を進めてきました。これらの交渉のなかで，終わりは見えながらも新たな始まりを大いに必要とする一つの重要な分野が，核実験を非合法化する条約の交渉でした。当該条約は，最も危険な地域の一つで，軍拡競争の悪循環を抑えることになるでしょう。

これに関して，私は二つの重要な決定について発表いたします。第一に，フルシチョフ第一書記とマクミラン首相並びに私は，包括的な核実験禁止条約に関する早期の妥結を目指し，間もなくモスクワでハイレベルの議論を始めることに合意しました。第二に，この問題についての我々の誠意と厳粛な信念を明らかにするために，アメリカ合衆国は，他国が行わない限り，大気圏内における核実験を自ら行わないことを宣言いたします。

この演説を行った大統領は，交渉の過程で妥協を強いられつつも，演説中で述べられている首脳との間で条約を締結した。

□ **問1**　前の文章中の空欄 **ア** の国の歴史について述べた文として最も適当なものを，次の ①～④ のうちから一つ選べ。

① 北大西洋条約機構(NATO)に参加した。

② バティスタ政権が打倒された。

③ フランスから黒人共和国として独立した。

④ ナセルを指導者とする革命(クーデタ)が起こった。

□ **問2**　前の文章を参考にしつつ，この演説中で述べられている交渉相手の首相の国**あ**・**い**と，締結した条約の内容**X**・**Y**との組合せとして正しいものを，後の ①～④ のうちから一つ選べ。

交渉相手の首相の国

あ　フランス　　　**い**　イギリス

締結した条約の内容

X　核実験の全面的な禁止

Y　核実験の部分的な禁止

① **あ**―**X**　　② **あ**―**Y**　　③ **い**―**X**　　④ **い**―**Y**

□ **問3**　下線部ⓐの国の歴史について述べた文として最も適当なものを，次の ①～④ のうちから一つ選べ。

① 中国との国境で，軍事衝突が起こった。

② サンフランシスコ講和会議で，平和条約に調印した。

③ クウェートに侵攻した。

④ アメリカ合衆国からアラスカを購入した。

メモ

メモ

別冊　解答

大学入試　全レベル問題集

世界史

［歴史総合，世界史探究］

2　共通テストレベル

三訂版

Obunsha

別冊目次

問題：本冊 p.10

第1問

A　問1　⑤　　問2　②　　問3　③

解説

A　問1　⑤ 文章中の「横浜の近郊」,「薩摩藩」,「馬に乗ったイギリス人」から, この出来事は1862年に起こった「**生麦事件**(なまむぎ)」と推定できる。この出来事は, 公武合体(こうぶがったい)など幕政に奔走した薩摩(さつま)藩主の父島津久光(しまづひさみつ)が, 勅使(ちょくし)を伴って江戸から京に向かっていた途中, 一行が, 神奈川の生麦(現在の横浜市鶴見(つるみ)区)付近にさしかかったとき, 行列の前を横切った騎馬のイギリス人を, 薩摩藩士が無礼打(ぶれいう)ちした事件。図―**い**には馬に乗った男性3人と女性1人が描かれ, この出来事を描いた図であると判断できる。事件後, 幕府は, イギリスに賠償金を支払ったが, 薩摩藩は応じなかったため, 翌1863年, 年表中にあるように「イギリス艦隊が鹿児島湾に来て, 薩摩藩と交戦」, すなわち薩英戦争が起こった。従って, 生麦事件は, 年表の空欄 b の時期にあたる。なお, 図―**あ**は, 1858年に勅許を待たずに**日米修好通商条約**を締結した大老井伊直弼(いいなおすけ)が, 水戸などの脱藩浪士に暗殺された「**桜田門外の変**(さくらだもんがい)」を描いた図である。

問2　② 幕府は, 1858年アメリカ合衆国との日米修好通商条約を皮切りに, オランダ, ロシア, イギリス, フランスなどとも修好通商条約を締結した(安政(あんせい)の5か国条約)が, 条約では**領事裁判権(治外法権)**や**片務的最恵国待遇**(へんむてきさいけいこくたいぐう)の条項が含まれていた。「**治外法権**」は, 外国人が現在滞在する国の権力, 特に裁判権に服さないという国際法上の特権, すなわちこの生麦事件に関してイギリス人に日本の司法権は及ばないこと, さらに領事裁判権によって, イギリス人に関する裁判をイギリス領事が行うことになる。

問3　③ 中国では, アヘン戦争や第2次アヘン戦争〔アロー戦争〕に敗れ, 太平天国(たいへいてんごく)の騒乱などによって, 清(しん)の衰退があきらかになると, 1860年頃から, 太平天国軍と戦った曽国藩(そうこくはん)〔曾国藩〕や李鴻章(りこうしょう)ら漢人官僚を中心に, 西洋の近代文化・技術を導入して富国強兵をめざす近代化運動が進められた。この「**洋務運動**(ようむ)」と呼ばれる近代化は, 中国の伝統的な儒学を基礎とし, 西洋の学問・

技術を利用する「**中体西用**(ちゅうたいせいよう)」の考え方が基本にあったため，政治・社会の変革にならなかった。

① ソ連では，1985 年にゴルバチョフが共産党書記長になると，**ペレストロイカ**(建て直し)と呼ばれる新政策に着手し，**グラスノスチ**(情報公開)も進め，自由化と民主化をめざす改革が実施された。

② 中国では，1970 年代にプロレタリア文化大革命が収束されたあと，最高実力者の**鄧小平**(とうしょうへい)によって「**四つの現代化**」が推進され，改革・開放政策が行われた。

④ 世界恐慌に直面したアメリカ合衆国では，フランクリン＝ローズヴェルト大統領が，1933 年から全国産業復興法(NIRA)，農業調整法(AAA)，テネシー川流域開発公社(TVA)など，**ニューディール**と呼ばれる政策を推進した。また，1935 年の**ワグナー法**によって労働者の団結権が認められた。

B　問 4　(1)　② または ⑥　　(2)　(1) が ② の場合は ⑤，⑥ の場合は ①

問 5　④

解説

B　問 4　(1)「三国協商」は，**露仏**(ろふつ)**同盟**，**英仏**(えいふつ)**協商**，**英露**(えいろ)**協商**を軸に生まれたイギリス・フランス・ロシア 3 国の協力関係をさす。1890 年にドイツ皇帝**ヴィルヘルム 2 世**が，ロシアとの再保障条約の更新を見送ったため，「ロシア」はフランスに接近し，1894 年正式に「露仏同盟」が調印された。一方，ドイツの対外進出と海軍力増強に脅威を感じた「イギリス」は，1904 年「英仏協商」を結んだ。さらに日露戦争で日本に敗北したロシアが，進出先を東アジアからバルカン半島に転換したため，ドイツ・オーストリアとの対立が深まり，ロシアはイギリスと和解して 1907 年に「英露協商」を結んだ。この「イギリス・フランス・ロシア」の提携関係は「三国協商」と呼ばれ，ドイツ・オーストリア・イタリアの「三国同盟」と対立した。従って正答は，「② **イギリス**」または「⑥ **ロシア**」である。

なお，「③ イタリア」は，三国同盟に参加していたが，第一次世界大戦勃発当初は中立で，1915 年にロンドン秘密条約を結んで協商国側で参戦した。

「① アメリカ合衆国」は，開戦当初，中立であったが，1917 年にドイツが**無制限潜水艦作戦**を実施すると，協商国側で参戦した。

「④ チェコスロバキア」は，第一次世界大戦末の 1918 年にオーストリアから独立を宣言した。

「⑤ 日本」は，1902 年に締結した**日英同盟**を口実に，ドイツに宣戦した。

(2)　①「**血の日曜日事件**」は，1905 年日露戦争の戦況が悪化する中で，「ロシア」のペテルブルクで起こった平和請願の民衆に対する軍隊の発砲事件で，これを契機に**第 1 次ロシア革命**〔**1905 年革命**〕が起こった。

②「**サルデーニャ王国**」は，イタリア統一運動の中心となり，ヴィットーリオ＝エマヌエーレ 2 世は首相カヴールの補佐を得て，1861 年**イタリア王国**を建てた。

③「**奴隷解放宣言**」は，南北戦争中の 1863 年にアメリカ合衆国大統領リンカンが発して奴隷制を禁止した。

④「**ズデーテン地方**」は，第一次世界大戦後にチェコスロヴァキア領となったが，住民はドイツ系が多く，ナチスのヒトラーはその併合を要求した。1938 年イギリス・フランス・ドイツ・イタリアによる**ミュンヘン会談**で，ドイツに対する宥和政策が優先され，ズデーテン地方はドイツに割譲された。

⑤1832 年にイギリスでは，第 1 回選挙法改正が行われたが，参政権が認められなかった労働者や商工業者が，1837 年に男性普通選挙制などを内容とする人民憲章を作成して議会に対する「**チャーティスト運動**」を展開した。

⑥「**二十一か条の要求**を行った」のは日本。第一次世界大戦が始まると日本は，ドイツの租借地膠州湾（青島）とドイツ領南洋諸島を占領し，さらに 1915 年には中国の袁世凱政権に対して山東省や南満洲〔満州〕などでの権益を含む二十一か〔カ〕条の要求を認めさせた。

問 5　④

X—「**幸徳秋水**」は，明治時代の社会主義者で，日本とロシアの関係が悪化した 1903 年，反戦・平和の非戦論を唱えた。その後，社会運動家の堺利彦らとともに「平民新聞」を発刊して非戦論を展開した。したがって**あ**・**い**で指摘している「**ナショナリズムの現れ方**」とは異なっている。

Y—「**北海道旧土人保護法**」は，1899 年に明治政府が，アイヌの人たちを日本国民に「同化」させることを目的に制定した法。土地を与えて農業を奨励し，医療・教育など生活の扶助・保護がおもな内容であった。「**現れ方**」は**あ**に相当する。

Z— 1919 年にイギリスがインド人に対して令状なしの逮捕，裁判抜きの投獄を認めた**ローラット法**を施行すると，これに反対する国民会議派は，非暴力を掲げる「**ガンディー**」の指導のもと，非協力運動（不服従運動）を展開した。「**現れ方**」は**い**に該当する。従って，正答は ④ となる。

C　問 6　③　　問 7　①　　問 8　②

解説

C　問 6　③　あ—「**第 1 次石油危機（オイル＝ショック）**」は，1970 年に開かれた日本万国博覧会（大阪万博）が終了したのちの **1973 年**に起こった。この年，**第 4 次中東戦争**が起こり，その際，アラブ石油輸出国機構（OAPEC（オアペック））が石油の減産・禁輸を行い，石油輸出国機構（OPEC（オペック））も原油価格を 4 倍に引き上げたため，世界各国は第 1 次石油危機の大打撃を受けた。日本も原油高騰による物価高の打撃を受けた。

い— 1960 年代から公害など環境破壊と健康被害が深刻化した。「対策のための基本的な法律」は，1967 年の「**公害対策基本法**」を指している。

X— 1960 年代半ば以降，外資の導入などによって経済開発を効率的に進める一方，国民の政治的な権利を抑制して独裁政治を維持する政治体制，「**開発独裁**」が生まれた。韓国の朴正熙（パクチョンヒ），インドネシアのスハルト，フィリピンのマルコスなどの政権が「開発独裁」の典型といわれる。

Y— 2010 年末，チュニジアを発端とするアラブ民衆の蜂起は，エジプト・リビアなどにも広がり，独裁体制を倒した。この「アラブの春」と呼ばれる運動は，インターネットで結ばれた市民の反乱であった。

従って，大阪万博が開催された「1970 年」当時の日本はい，当時の世界情勢はXで，正答は ③ である。

問 7　①　イ—アフリカでは，1956 年にモロッコとチュニジアがフランスから独立し，57 年にエンクルマ〔ンクルマ〕に率いられたガーナがイギリスから独立した。この民族解放・独立の動きは加速し，1960 年に「アフリカ」17 カ国が独立を達成し，「**アフリカの年**」といわれた。

ウ―独立を達成したアフリカ諸国の中には，翌 1961 年にユーゴスラヴィアのベオグラードで開催された「**非同盟諸国首脳会議**」に参加し，**第三勢力**として国際的な発言力を高めた国があった。なお，「国際連盟」は，第一次世界大戦後のヴェルサイユ条約に基づいて 1920 年に創設された。第二次世界大戦後の 1946 年に「国際連合」の発足(1945 年)に伴い，解散した。

問 8　②　グラフを読みとる際，10 年間隔の日本の ODA の「地域別配分割合」に注目して増減推移を確実につかみながら，3 人のメモと照合していこう。その際，年代，地域・国，内容の正誤を考えながら判断する。

②「テルさんのメモ」―前半の「2010 年まで……東南アジアの割合が最も大きかった」は○。後半の「**日本が賠償を行った国々**」に関しては，1955 年以降，日本はビルマ(現在のミャンマー)，フィリピン，インドネシア，ベトナム(南ベトナム)などに「賠償」しているので○。なお，賠償に代えて，ラオス，カンボジア，マレーシア，シンガポールなどには経済技術協力などの無償援助を行った。

①「ユメさんのメモ」―「1970 年」，「中華人民共和国への援助が開始」に注目すると，日本と中華人民共和国の国交正常化は，アメリカ大統領ニクソンの中国訪問と同年の「1972 年」である。従って，1970 年に本格的な中国への援助は行われず，1978 年の**日中平和友好条約**の締結によって，日本の中国への援助は本格化した。以上から，「ユメさんのメモ」は誤り。

③「アインさんのメモ」―前半の「南アジアの割合は一貫して減少」は×。2000 年以降，増加傾向にあり，2019 年には，配分割合が最大に達している。

第2問

問1 ③　**問2** ①　**問3** ⑦　**問4** ③　**問5** ③

解説

問1　③　**[ア]に入れる文**—第二次世界大戦後，ベルリンは東西に2分され，西ベルリンはドイツ連邦共和国(西ドイツ)に，東ベルリンはドイツ民主共和国(東ドイツ)に属した。東ドイツの社会主義体制に不満をもつ人々の「西ベルリンへ亡命」することが絶えず，1961年東ドイツ政府は東西ベルリンの境界線に，コンクリートや有刺鉄線で「**ベルリンの壁**」を建設した。**資料1**は，「**東ドイツの警備隊員**」が，この「**有刺鉄線を跳び越えて亡命しようとしている瞬間**」を捉えた写真で，**い**が正しい。

対立を表した図—「**冷戦**」は，1947年アメリカのトルーマン大統領が，共産主義を封じ込める**トルーマン＝ドクトリン**を，さらに**ヨーロッパ復興のための財政支援計画**〔**マーシャル＝プラン**〕を発表したのに対して，ソ連は**コミンフォルム**を設立したことで，東西両陣営の対立が本格化した。さらに，1949年にアメリカ合衆国を中心とする**北大西洋条約機構**(**NATO**)が結成され，ソ連側も**経済相互援助会議**〔**コメコン**〕を創設し，さらに1955年に**ワルシャワ条約機構**を結成した。こうした資本主義陣営(西側)と，ソ連を中心とする社会主義陣営(東側)の間の緊張状態を「**冷戦**」という。**図Ⅰ**の■は，北大西洋条約機構加盟国を，▨はワルシャワ条約機構加盟国を示し，冷戦下のヨーロッパの情勢を表した図で，Ⅰが正しい。**図Ⅱ**は，第一次世界大戦中のヨーロッパの状況を示した図で，■は三国協商側を，▨は三国同盟側を，□は中立国を示している。従って，正答は ③ である。

問2　**資料4**は，アメリカで，非暴力主義の立場に立ち，黒人差別撤廃の公民権運動を進めた「**キング牧師**」の演説。彼は，奴隷解放100周年を記念した1963年のワシントン大行進を指導し，「I have a dream」と演説した。選択肢 ② に適応する。

資料5は，「**平塚**(ひらつか)**らいてう**」が，1911年創刊した日本最初の女性文芸誌『青鞜(せいとう)』の辞として書かれた。「元始，女性は太陽であった」は，**女性解放運動**の始まりとなり，さらに平塚らは女性参政権運動にも取り組んだ。選択肢 ③ に該当する。

資料 6 は，フランス革命で，1789 年にラ＝ファイエットらが起草し，国民議会が採択した「**人権宣言**(正式には「人間および市民の権利の宣言」)」の冒頭箇所である。自然法に基づく宣言で，すべての人の自由と権利における平等，国民の主権，私有財産の不可侵など，革命の理念が表明され，国王ルイ 16 世もこれを認めた。選択肢 ① の「一党独裁体制の打倒」とは事情が異なる。

資料 7 は，「**ガンディー**」が 1942 年に行った演説で，「行動か死か」と唱えて「インドを立ち去れ」運動を宣言し，全面的にイギリスへの非協力を宣言した。選択肢 ④ に該当する。

従って，正答は ① である。

要注意！ **女性参政権の実現！**

1893	**ニュージーランド**→世界初
1902	オーストラリア
1906	**フィンランド**
1915	デンマーク
1918	**イギリス**→第 4 回選挙法改正で女性は 30 歳以上
1919	ドイツ→ヴァイマル憲法で両性平等の普通選挙権
1920	アメリカ合衆国→連邦レベルで実施
1928	イギリス→第 5 回選挙法改正で 21 歳以上両性平等の参政権
1945	日本

問 3 ⑦ 1947 年ソ連を中心に東欧諸国とフランス・イタリアの共産党が，**A**「**コミンフォルム**」〔共産党情報局〕を結成して西側資本主義諸国と対立した。また，アメリカ合衆国に次いで，1949 年に **D**「**ソ連の核兵器保有**」があきらかになり，アメリカとの核兵器開発競争が深刻化した。一方，東アジアでは 1949 年に毛沢東(もうたくとう)を主席とする **B**「**中華人民共和国の成立**」によって，中国共産党が指導する事実上の一党独裁国家が誕生した。翌 1950 年には朝鮮民主主義人民共和国(北朝鮮)が大韓民国(韓国)に侵攻して**朝鮮戦争**が勃発した。こ

のような**共産主義の拡大**と脅威に対して，アメリカ合衆国では，1950 年頃から**赤狩り**(あかがり)**〔マッカーシズム〕**が始まった。日本でも GHQ（連合国軍総司令部）の指令で，**え**の「**共産主義者**」やその同調者が公職や民間企業から罷免(ひめん)・解雇されるレッドパージが行われた。なお，**C** の「**日韓基本条約**」は，1965 年に日本と韓国が締結し，両国の国交正常化や 1910 年の日本の韓国併合など戦前の諸条約の無効と，通商関係の再開などが約定された。**資料 2** には直接的な関連はない。

問 4　メモ中の「アメリカ合衆国が北爆によって……軍事介入を始めた戦争」から，「**ベトナム戦争**」が想起される。インドシナ戦争終結後，ベトナムは南北に分断され，アメリカに支援された南ベトナムで，独裁体制に反対する**南ベトナム解放民族戦線**が **1960 年**に結成され，ベトナム民主共和国（北ベトナム）の支援を受けて武力闘争を開始した。アメリカは南ベトナム政府への支援を拡大し，ジョンソン大統領は，グラフの b の時期の 1965 年には北ベトナムに対する「**北爆**」を開始した。ベトナム戦争に対して国際世論の批判が高まり，アメリカ大統領**ニクソン**は，1973 年に**ベトナム〔パリ〕和平協定**を調印し，アメリカ軍をベトナムから撤退させた。

X―日本では沖縄のアメリカ軍基地がベトナム戦争に利用されたことへの批判が高まり，各地で反戦運動が起こった。1971 年沖縄返還協定が日米間で調印され，翌 72 年「沖縄の施政権が返還された」が，アメリカ軍基地は残った。

Y― PKO 協力法は，1992 年に施行され，自衛隊の海外派遣を可能にした。

従って，正答は ③ となる。

問 5　③ 高度経済成長によって経済大国となった日本は，「Ⅳのグラフ」にみられるように，1986 年頃から好景気（バブル経済）を経験し，87 年には世界最大の債権国となった。バブル経済は 1990 年代初めまで続いた。

①「Ⅲのグラフ」の 1991 年以降の急激な下降は，ソ連の消滅とその後の混乱による現象と考えられる。

②「天安門(てんあんもん)事件」や「改革開放政策」は中国に関する記述である。

④ 社会主義計画経済のソ連では，「Ⅲのグラフ」のように，安定成長が求められた。しかし「1990 年代前半……体制の崩壊」が急激な下降をもたらした。

1 先史の世界・古代オリエント世界

問題：本冊 p.26

問1 ①	問2 ③	問3 ①	問4 ④
問5 ④	問6 ④	問7 ②	問8 ③

解説

問1 ① が○。エジプト新王国の**アメンホテプ〔アメンヘテプ〕4世**は，アモン〔アメン〕= ラーの神官勢力と対立し，**アテン〔アトン〕**を唯一神(ゆいいつしん)とする改革を断行，自らの名を**アクエンアテン**と改称し，首都をテーベから**テル = エル = アマルナ**に移した。

②「イル = ハン国」が×，「**ガ〔カ〕ージャール朝**」が○。「**バーブ教**」は，19世紀前半にイランに起こったイスラーム教シーア派系の新宗派。**イル = ハン国**は，チンギス = カンの孫の**フレグ**が，1258年にイラン・イラクに建てた国。

③「プラハ」が×。**ツヴィングリ**が改革を進めたのは「**チューリヒ**」。

④「明(みん)代末期に消滅した」が×。「**白蓮教**(びゃくれん)」は，清(しん)の乾隆帝(けんりゅうてい)退位後の18世紀末にも，**白蓮教徒の乱**を起こした。

問2 **パルティア**は，イラン系遊牧民が前3世紀半ばに，**セレウコス朝**から独立して建てた王国。

③「ダレイオス1世」が×。**ダレイオス1世**は，アケメネス朝最盛期の王。

問3 ①「海上交易」が×，「**内陸中継貿易**」が○。**アラム人**は，**ダマスクス**を中心に内陸貿易で活躍した。海上交易で活躍したのは，**フェニキア人**。

問4 ④ が○。ユダヤ教は唯一神**ヤハウェ**によって特別に選ばれた「**選民思想**」や救世主(メシア)の出現を待望する信仰を特徴とする。

①「**ゾロアスター教**」は「拝火教」ともいう。善神アフラ = マズダと悪神アンラ = マンユ〔アーリマン〕との闘争は，終末には善神が勝利すると説く。

② ユダヤ教の聖典には，キリスト教の『新約聖書』は含まれない。

③「輪廻転生(りんねてんせい／てんしょう)からの解脱(げだつ)」は，古代インドで成立した「**ウパニシャッド哲学**」で説かれた。

問5 ④ **アムル人**は，前19世紀に**バビロン**を都に，古バビロニア王国(バビロン第1王朝)を建てた。第6代の**ハンムラビ王**は，「目には目を，歯には歯を」の復讐法(ふくしゅうほう)を特色とする『**ハンムラビ法典**』を発布した。

①「滅亡」が×,「成立」が○。**バラ戦争**は, 百年戦争後, ランカスター家とヨーク家の王位継承の争いに, 諸侯, 騎士が両派に分かれ, 内乱となった。1485 年, ランカスター派の**ヘンリ 7 世**が収拾し, **テューダー朝**を開いた。

②「トゥグルク朝」が×,「**コンバウン朝**」が○。「トゥグルク朝」は, デリー = スルタン朝の 3 番目のトルコ系イスラーム王朝である。

③「エジプト」が×,「**イラン**」が○。**ブワイフ朝**は, シーア派のイラン系軍事政権で, アッバース朝カリフから大アミールの称号を得た。

問 6　④「竹簡」が×,「**パピルス**」が○。「**死者の書**」は, 古代エジプト人が死者の幸福を祈って, ミイラとともに埋葬した文書で, パピルスに記された。竹簡は, **木簡**とともに, 中国の戦国時代や秦・漢時代に, 文字を記すために使用された竹片や木片。

問 7　② が○。「**ネストリウス派**」は, 431 年のエフェソス公会議で異端とされた。ネストリウス派は,「イランのササン朝」を経て中国に伝わり, **景教**と呼ばれた。

①「サファヴィー朝」は, イスラーム教シーア派の一派の「**十二イマーム派**」を国教とした。

③「カニシカ王」はインドの**クシャーナ朝**の王で, 仏教を保護した。

④「**シク教**」は, 16 世紀に**ナーナク**が, ヒンドゥー教を基礎に, イスラーム教の影響を強く受けて創始した。

問 8　③　**a**「神聖文字」が×,「**楔形文字**」が○。**神聖文字**は, エジプトで絵文字から発達し, “**ヒエログリフ**”と呼ばれる。これを簡略化した書体が, 神官文字(ヒエラティック)。さらに簡略化したのが民用文字(デモティック)。

b は○。「**ロゼッタ = ストーン**」は, ナポレオンのエジプト遠征の際に発見された石碑で, 上から順に, 神聖文字, 民用文字, ギリシア文字の 3 つの書体で刻まれている。神聖文字は, フランスの**シャンポリオン**が解読に成功した。

!! まとめて覚える！　古代の文字と解読

☆**神聖文字〔ヒエログリフ〕**：**シャンポリオン**が解読

☆**楔形文字**：**シュメール人**が発明。**粘土板**に刻む。**ローリンソン**らが解読

☆**インダス文字**：インダス文明の文字。未解読

☆**線文字 B**：ミケーネ文明の文字。ヴェントリスらが解読

2 古代ギリシア世界とヘレニズム時代

問題：本冊 p.28

問1 ④　　問2 ④　　問3 ②　　問4 ②
問5 ②　　問6 ④　　問7 ②

解説

問1 「シドンやティルスを拠点」としたのは，**フェニキア人**で，地図中の**b**の地域に多くの植民市を建設した。

地図中の**a**は，ギリシア人が植民した地域である。

要注意！ ギリシア人とフェニキア人の植民市（現在名）

●ギリシア人

☆**ビザンティオン**（イスタンブル）…ローマ時代にビザンティウム→コンスタンティヌス帝の遷都によってコンスタンティノープルと改称

☆マッサリア（マルセイユ）　☆**ネアポリス**（ナポリ）　☆シラクサ

●フェニキア人

☆**カルタゴ**…ローマとのポエニ戦争に敗北

問2 ④が○。設問文の「テミストクレス」はアテネの政治家。**三段櫂船**（かいせん）を建造し，前480年サラミスの海戦でペルシア海軍を撃破した。戦後，軍船の漕ぎ手として活躍した下層市民の政治的発言力が強まり，前5世紀半ば，**ペリクレス**の指導のもと，アテネの民主政は完成した。

①「**奴隷解放宣言**」は，アメリカ合衆国の南北戦争中の1863年に，**リンカン**が発した。従って，×。

②「債務奴隷」の禁止や「財産政治」は，前6世紀初めにアテネの**ソロン**が，貴族と平民の調停者として行った改革。

③「オリエントを統一」は，前7世紀前半に**アッシリア王国**が実現した。

問3 ②「アテネ」では，ペリクレスの指導のもと，18歳以上の成年男性市民が参加する**民会**による直接民主政が実現したが，民会には，女性や奴隷は参加できなかった。

①「フランクフルト国民議会」が×，「**ウィーン三月革命**」が○。

③「フランス」が×，「イギリス」が○。13 世紀末に，イギリス王**エドワード 1 世**が「模範議会」を開催した。

④「ハンガリー」が×，「**ロシア**」が○。日露戦争中の 1905 年に第 1 次ロシア革命〔1905 年革命〕が起こると，**ニコライ 2 世**は，十月宣言で**ドゥーマ**(国会)の開設と憲法の制定などを約束した。

問 4　②　**a** は○。第 3 回**ペルシア戦争**で，アテネの**テミストクレス**は，**三段櫂船**を指揮し，**サラミスの海戦**に勝利した。戦後，アテネを盟主に**デロス同盟**が結成された。

b は「スパルタ」が×，「**アテネ・テーベ連合軍**」が○。こののち，**マケドニア**王の**フィリッポス 2 世**は，スパルタを除く全ギリシアのポリスが参加する**コリントス同盟**〔ヘラス同盟〕を結成した。

問 5　**a** は○。

b の「宋応星」が×，「**李時珍**」が正しい。「宋応星」は，産業技術書の『**天工開物**』を著した。

要注意！　**古代ギリシアの自然哲学…「万物の根源は？」**

☆**タレス**→「水」　☆**ピタゴラス**→「数」　☆**デモクリトス**→「原子」

問 6　①「イギリス」が×，「**イタリア**」が○。イギリスでは，オクスフォード大学やケンブリッジ大学が有名。

②「マザラン」が×，「**リシュリュー**」が○。

③「アッバース朝」が×，「**ファーティマ朝**」が○。

④「ムセイオン」では，**エウクレイデス**(平面幾何学)，**アルキメデス**(浮体の原理)，**エラトステネス**(地球の周囲を計測)らが学んだ。

問 7　①「ヘシオドス」が×，「**ヘロドトス**」が○。**ヘシオドス**は，古代ギリシアの叙事詩人で，『労働〔仕事〕と日々』や『神統記』が有名。

③「『対比列伝』(『英雄伝』)」が×，「『**ゲルマニア**』」が○。『対比列伝』は，**プルタルコス**が著した。

④「キケロ」が×，「**カエサル**」が○。キケロは，ラテン語の散文家。

3 ローマ世界とキリスト教

問題：本冊 p.30

問1 ①　問2 ③　問3 ②　問4 ④
問5 ②　問6 ④　問7 ②　問8 ③

解説

問1　① が○。**ラテン人**の一派がつくったローマは，先住民の**エトルリア人**の王に支配されていたが，前 6 世紀末に，その王を追放して共和政を樹立した。

②「平民(プレブス)」が×,「貴族(パトリキ)」が○。初期の共和政ローマでは，最高の官職である 2 名の**コンスル**(**執政官**，**統領**)は，貴族から選出され，決定機関の**元老院**も貴族によって構成された。

③「コンスタンティヌス帝」が×，「アウグストゥス」が○。前 27 年に元老院からアウグストゥスの称号を贈られたオクタウィアヌスは，自らは**プリンケプス**(市民のなかの第一人者)として統治し，事実上の帝政が始まった。

④「ユスティニアヌス帝」が×,「テオドシウス帝」が○。ユスティニアヌス帝は，6 世紀のビザンツ帝国の皇帝。

問2　①「ササン朝ペルシア」が×，「インド」が○。

②「陳朝」が×，「新羅」が○。

④「元」が×，「周」が○。周の**封建制**のもとで，王や諸侯には卿・大夫・士という家臣が従っていた。元では，モンゴル人・**色目人**・**漢人**・**南人**の身分秩序がみられた。

まとめて覚える！　重要なローマの法

☆**十二表法**(前 450 年頃)：慣習法を明文化。ローマ最古の成文法

☆**リキニウス・セクスティウス法**(前 367 年)：コンスル 1 名を平民から選出。公有地の所有制限

☆**ホルテンシウス法**(前 287 年)：平民会の決議を，元老院の承認なしに国法とする。平民会が立法権を獲得

☆アントニヌス勅令 (212 年)：カラカラ帝が制定。帝国領内の全自由民にローマ市民権を与えた

問3　カエサル暗殺後の第2回**三頭政治**は，**オクタヴィアヌス**(オクタウィアヌス)・アントニウス・レピドゥスの3人による政治同盟。のち，オクタウィアヌスは，**プトレマイオス朝**の「**クレオパトラ**」と結んだ「**アントニウス**」を，前31年に**アクティウムの海戦**で破り，前30年プトレマイオス朝は滅亡した。選択肢の「ハドリアヌス」は，ローマ帝国の五賢帝のひとり。「アメンホテプ4世」〔アメンヘテプ4世〕は，エジプトの新王国時代のファラオで，唯一神アテン〔アトン〕を信仰し，テル＝エル＝アマルナに遷都した。

問4　④が○。ローマは先住民「**エトルリア人**」の王に支配されていた。前6世紀末に王を追放して共和政となった。

①の「**十二表法**の公開」は前5世紀半ば，②の「コンスル(執政官)が，政治を主導」は，いずれも「共和政ローマ」になってからである。

③「**コロッセウム**」が完成したのは紀元80年で，すでに前27年から帝政時代が始まっていた。

問5　②が○。ゲルマン人傭兵隊長「**オドアケル**」は，476年に，西ローマ皇帝を退位させ，西ローマ帝国は滅亡した。

①「アッティラ」は，**フン人**の王。

③「テオドリック」は，オドアケルを倒し，**東ゴート王国**を建てた。

④「クローヴィス」は，**メロヴィング朝**フランク王国の初代の王で，**アタナシウス派キリスト教**に改宗した。

問6　①「保護」が×，「迫害」が○。ネロはローマ大火(64年)の罪をキリスト教徒に帰して迫害した。

②「キリスト教の誕生に影響」が×。「マニ教」は，イランのマニが，3世紀に，ゾロアスター教・仏教・キリスト教などの影響を受けて創始した宗教。

③「アラビア語」が×，「**ギリシア語**〔コイネー〕」が○。

問7　②　**a**は○。ギリシア人の宗教は，オリンポスの神々を中心とする多神教で，特定の経典はなかった。

bは×。ローマの宗教は，ギリシア人と同様に多神教であったが，1世紀中頃から東方に起源をもつミトラ教が，3世紀からマニ教が広まった。

問8　③「タキトゥス」が×，「**カエサル**」が○。タキトゥスは，**『ゲルマニア』**を著した。

4 アジア・アメリカの古典文明

問題：本冊 p.32

問1 ①　問2 ④　問3 ②　問4 ②　問5 ②　問6 ③
問7 ②　問8 ①　問9 ③　問10 ②　問11 ⑥　問12 ②

解説

問1　① が○。**アーリヤ人**の宗教的文献『**ヴェーダ**』は，**サンスクリット語**で書かれ，最古のものが『リグ＝ヴェーダ』。

②「パルティア」が×,「ササン朝」が○。『**アヴェスター**』は, ゾロアスター教の教典。

③「司馬遷(しばせん)」が×，「**司馬光**(しばこう)」が○。司馬光は編年体(へんねんたい)の『**資治通鑑**(しじつがん)』を編纂(へんさん)。

④「サンスクリット語」が×，「**ペルシア語**」が○。『シャー＝ナーメ』は，イランのフィルドゥーシーが著した民族叙事詩。

問2　「ヴァルナ」は，**バラモン**(司祭)，クシャトリヤ(武士・貴族)，**ヴァイシャ**(一般庶民)，**シュードラ**(隷属民(れいぞくみん))の 4 つに区分された身分制をいい，特定の信仰や職業と結びついた集団を「**ジャーティ**」と呼ぶ。

問3　①「第二身分」は貴族身分で×，「**第三身分**」が○。

③「ロシア」が×，「イギリス」が○。「**ジェントリ**」は，下層貴族と豊かな**ヨーマン**(独立自営農民)の間に位置し，郷紳(きょうしん)とも呼ばれる。

④「ペリオイコイ」は，商工業に従事する劣位の市民で×。「ヘイロータイ(ヘロット)」が○。

問4　② が○。「ジャイナ教」は，**ヴァルダマーナ**が創始し,「苦行(くぎょう)と不殺生(ふせっしょう)」を強調した。

①「**カビール**」は，人間平等を唱え，カーストの区別を否認し，また偶像崇拝を排斥した。

③「**ボロブドゥール**」は，**シャイレンドラ朝**が建造した大乗仏教寺院。

④「**ヴェーダ**」は，バラモン教の聖典である。

問5　①「中国」が×，「**華北**(かほく)」が○。北魏(ほくぎ)の太武帝(たいぶてい)が，華北を統一した。

③「セルジューク朝」が×，「**マムルーク朝**」が○。

④「フィリップ 4 世」が×，イギリスの「**ジョン王**」が○。フィリップ 4 世は，フランス王で，14 世紀初め，初めて(全国)**三部会**(さんぶかい)を開催した。

問6　③「**ウパニシャッド哲学**」は，前6世紀頃に生まれ，梵我一如を説いた。

問7　② が○。「**ボロブドゥール**」は，インドネシアのジャワ島中部にある大乗仏教の石造寺院で，8～9世紀にシャイレンドラ朝によって造営された。

①「**スワヒリ語**」が×。東アフリカのマリンディ・キルワなど海港が連なる海岸地方では，来訪するムスリム商人のアラビア語と土着のバントゥー諸語とが混交して「スワヒリ語」が形成された。

③「**ドンズー(東遊)運動**」は，20世紀初め，ベトナムの**ファン＝ボイ＝チャウ**を中心に展開された日本への留学運動。インドネシアではないので×。

④「ソ連のミサイル基地建設」は「キューバ」で進められたので×。核戦争の緊張が高まった「**キューバ危機**」は，ソ連の**フルシチョフ**とアメリカ大統領**ケネディ**との妥協により，回避された。

問8　**a**　「チャンパー」は，2世紀末にインドシナ半島南東部に成立した王国。

b　マタラム王国は，16世紀末に建てられたイスラームの王国。8世紀にジャワ島に成立した「**マタラム朝(古マタラム)**」は，ヒンドゥー教の国。

問9　**ア**　「アステカ文明」は，メキシコ高原に成立した。

イ　「六十進法」は，古代メソポタミアのシュメール人が発明した。

問10　①「鎬京」が×，「洛陽」が○。「鎬京」は周(西周)の都。

③「ロココ様式」が×，「バロック様式」が○。ロココ様式の代表的建築は，プロイセンの**フリードリヒ2世**が，ポツダムに建築した**サンスーシ宮殿**。

④「バビロン」が×，**サファヴィー朝**の首都「イスファハーン」が○。

問11　地図中の**a**のメキシコ高原には，前1世紀頃にテオティワカン文明が，14世紀頃から**アステカ文明**が発展した。マヤ文明は，**b**のユカタン半島を中心に4～9世紀に栄えた。**c**のアンデス地方では，15世紀半ばにケチュア人が**インカ帝国**を建てた。

問12　② が○。前1世紀のメキシコ高原に「**太陽のピラミッド**」や「月のピラミッド」など階段ピラミッド式神殿をもつ**テオティワカン文明**が生まれた。

①「六十進法」はシュメール人が考案したとされるので×。

③「**甲骨文字**」は殷の王が神意を占った内容を記録した文字で×。

④「**死者の書**」は古代エジプト人が，来世の安住を祈ってミイラとともに埋葬した絵文書で×。

5 中国の古典文明～秦・漢

問題：本冊 p.36

問1 ① 問2 ③ 問3 ③ 問4 ③
問5 ③ 問6 ④ 問7 ①

解説

問1　①が○。「始皇帝の陵墓」は，陝西省西安の郊外にあり，1974年に陵墓の東方1.5キロメートルの副葬坑から，等身大の兵士や車馬などをかたどった多数の「**兵馬俑**」(俑は陶製の像)が発見された。「兵馬俑」は，当時の軍隊の編成や服装・民族などを克明に表現しており，1987年世界遺産に登録された。

②「ヒンドゥー教」が×。**ボロブドゥール**は，**シャイレンドラ朝**時代にジャワ島につくられた「**大乗仏教**」の寺院遺跡。

③「ビザンツ様式」が×。**アルハンブラ宮殿**は，**ナスル朝**が首都**グラナダ**に建築したイスラーム様式の宮殿である。「**ビザンツ様式**」は，おもにビザンツ帝国時代に栄えた教会の建築様式で，ドーム(円屋根)とモザイク壁画が特徴。ユスティニアヌス帝がコンスタンティノープルに建てた**ハギア＝ソフィア聖堂**やイタリアのラヴェンナに建てられた**サン＝ヴィターレ聖堂**が有名。

④「宋」が×，「明・清」が○。

問2　③「秦」が×，「唐」が○。**節度使**は，唐代の8世紀初めに，**都護府**に代わって辺境に設けられた募兵軍団の指揮官。**安史の乱**後は，各地に割拠した。

①は，ビザンツ帝国の**軍管区制**(**テマ制**)に関する文。

④は，契丹(遼)の北面官・南面官による二重統治体制の説明。

問3　**a**「プロノイア制」が×。「**プロノイア制**」は，11世紀から，ビザンツ帝国で実施された土地制度。

bは○。漢の**高祖**(**劉邦**)は，郡県制と封建制を併用した**郡国制**を採用した。

問4　③　**a**「三省六部」は，隋の政治体制を受け継いだ唐が整えた中央官制。「前漢」の制度ではない。

bは○。「**郡国制**」は，漢の高祖が採用したが，前2世紀半ばに起こった**呉楚七国の乱**の鎮圧後，実質的に**郡県制**に移行した。

問5　③が○。『史記』の逸話文の中の「大臣」は，始皇帝の丞相として登用された「**李斯**」である。彼は，**Z**の法家の政治家で，**焚書・坑儒**，文字，度量衡など統一事業を通じて法による支配を強行した。

なお，**あ**の「**孟子**」は戦国時代の儒家で，性善説を唱えた。**い**の「張儀」は戦国時代の縦横家で，連衡策を唱えて，蘇秦の合従策を論破した。また**X**は**孔子**の基本的立場で「修身・斉家・治国・平天下」を説いた。**Y**は無差別愛を説いた**墨子**の主張。従って正答は「③　**う**—**Z**」である。

問6　④ が○。「**大秦王安敦**」は，ローマ皇帝マルクス＝アウレリウス＝アントニヌスとされ，その使者と称するものが，166 年，海路，日南郡に到達した。

① **ハルシャ＝ヴァルダナ**の北インド統一は，7 世紀前半である。

② 前漢を倒した**王莽**は**新**を建てたが，その復古的政治は時代にあわず，1 世紀前半に「**赤眉の乱**」が起こり，新は滅亡した。

③ コンスタンティヌス帝は，313 年に**ミラノ勅令**でキリスト教を公認した。

問7　アウグストゥスの皇帝在位期は，前 27～後 14 年。

① **司馬遷**の『**史記**』は，前漢の武帝時代(前 2～前 1 世紀)に著された。

② 『自省録』は，五賢帝最後で，2 世紀後半の**マルクス＝アウレリウス＝アントニヌス**帝の著作。

③ 『**三大陸周遊記**』〔『大旅行記』〕は，14 世紀半ば，アフリカから中国までを踏破した**イブン＝バットゥータ**の口述旅行記。

④ 『**神の国**』は，教父**アウグスティヌス**が，5 世紀前半に著した。

まとめて覚える！　漢代の文化

☆**司馬遷**：『史記』…上古から武帝期までの通史。**紀伝体**

☆**班固**：『漢書』…前漢一代。紀伝体

☆蔡倫：紙の製法を改良

☆董仲舒：前漢の武帝に儒学の官学化を提言

☆**鄭玄**：訓詁学(「経書」の字句解釈)

☆仏教の伝来：後漢代に西域経由

☆**太平道**：張角が指導した宗教結社。**黄巾の乱**を起こす

☆五斗米道：張陵が創始した宗教結社。太平道とともに道教の源流となった

6 東アジア文化圏の形成(魏晋南北朝～隋・唐)

問題：本冊 p.38

問1 ③　問2 ①　問3 ②　問4 ③　問5 ④　問6 ④　問7 ②
問8 ②　問9 ①　問10 ②　問11 ④　問12 ②　問13 ④

解説

問1　「**郷挙里選**」は，前漢の武帝が制定。「**九品中正(九品官人法)**」は，魏の**曹丕**(文帝)が採用した官吏任用法で，魏晋南北朝時代を通じて実施された。

問2　① が○。「**法顕**」は，東晋時代の僧で，グプタ朝時代のインドを訪れた。その旅行記が『**仏国記**』。

② 「蜀」が×，「晋(西晋)」が○。晋の**司馬炎**(武帝)が，280 年に呉を滅ぼして中国を統一した。

③ 「洛陽」が×。晋(西晋)の都の洛陽が，**五胡**のひとつである匈奴に攻略されると，**司馬睿**(元帝)が，「**建康**」を都として東晋を建てた。

④ 「道教に対抗」が×，「**道教を大成**」が○。北魏の**寇謙之**は，神仙思想や老荘思想，太平道や五斗米道などを取り入れて**道教**を大成した。

問3　② が○。「鮮卑」はモンゴル高原の遊牧民。その一派の拓跋氏が**北魏**を建てた。

① 「突厥」が×，「**匈奴**」が○。匈奴の**冒頓単于**は，漢の高祖(劉邦)を破り，貢納を課した。漢は，しばらく，匈奴に対して宥和政策をとった。

③ 「キリル文字」が×，「**契丹文字**」が○。キリル文字は，9 世紀にギリシア文字をもとにつくられた。今日のロシア文字の原形。

④ 「ガザン＝ハン」が×，「フレグ〔フラグ〕」が○。**ガザン＝ハン**は，イル＝ハン国最盛期のハン。

問4　③ が○。「**鳩摩羅什**」は，五胡十六国時代に渡来した西域出身の仏僧。

問5　隋の**文帝**と**煬帝**は，江南と華北を結ぶ大動脈として**大運河**を建設した。

問6　④ が○。南朝では「対句を駆使」した**四六駢儷体**が文体の主流となった。

① 古代ギリシアの「自然哲学」の説明。

② 20 世紀初め，中国では**胡適**が「**白話文学**」を提唱し，**魯迅**は白話小説の『狂人日記』『阿Q正伝』を著した。

③ 「**ゼロの概念**」はグプタ朝時代のインドで生み出された。

問 7　② が○。**隋の煬帝**は「**高句麗に遠征**」したが，失敗に終わった。

① 「唐」が×，「**前漢**」が○。前漢の武帝は，衛氏朝鮮を滅ぼして「**楽浪郡**」など 4 郡を置いた。

③ 「南京条約」が×，「**下関条約**」が○。清は朝鮮の完全独立を認めた。

④ 「明」が×，「**隋**」が○。隋の文帝が**九品中正**に代わって科挙を導入した。

問 8　② が○。玄宗の時代に，**府兵制**がゆきづまり，「**募兵制**」が導入された。

① **五胡**(匈奴・羯・鮮卑・氐・羌)が，華北で活動したのは，4〜5 世紀前半。

③ 康熙帝は，清の第 4 代皇帝で，ロシアとネルチンスク条約を結んだ。

④ 沿海州は，1860 年の北京条約で清からロシアに割譲された。

問 9　文章中の空欄 **ア** は，唐の皇帝「**玄宗**」。晩年は**楊貴妃**を愛し，その一族を抜擢するなどしたため安史の乱をまねいた。

① が○。玄宗の治世，**府兵制**に代えて「**募兵制**」が採用された。

② 「黄巣の乱」は，唐末の 9 世紀後半で×。

③ 「焚書・坑儒」は，秦の始皇帝が強行した思想統制で×。

④ 「新法党と旧法党」の対立は，宋代に**王安石**が実施した新法に，**司馬光**ら旧法党が反対し，政局の混乱をまねいた党争。従って×。

問 10　② 「唐代」が×，「**明代**」が○。

① 孫権が建てた**呉**の都は建業。東晋・南朝では**建康**と呼ばれ，現在の南京。

③ 宋代には，江南開発が進み，水田の面積も増大した。

④ 1927 年，中国の統一をめざす**蔣介石**は，南京に国民政府を建てた。

問 11　「**呉楚七国の乱**」は，前漢初期に起こった諸侯の乱。「**張角**」は，後漢末の**黄巾の乱**の指導者。「**黄巣の乱**」は，唐末に塩の密売人の黄巣らが率いた反乱。「**朱全忠**」は，907 年唐を滅ぼし，汴州〔**開封**〕を都に後梁を建てた。

問 12　② 「モンゴル」が×，「インド」が○。**玄奘**は，陸路，ヴァルダナ朝時代のインドにおもむき，**ナーランダー僧院**に学び，陸路帰国した。

問 13　④ が○。高句麗の滅亡後に靺鞨族の「**大祚栄**」が，中国東北地方から朝鮮半島北部に「**渤海**」を建国した。唐の制度・文物を積極的に取り入れ，都の**上京竜泉府**は，唐の長安にならって碁盤目状の都城制に基づいて造営された。選択肢の「**遼**」は契丹(キタイ)の中国風の国名。また，「**骨品制**」は，新羅の身分制度で，官職，婚姻，社会生活などを規制した。

大学入学共通テスト①

問題：本冊 p.42

A　問1　②　　問2　①　　問3　④

B　問1　③　　問2　①　　問3　③

解説

A　「**顔之推**」は南北朝時代末から隋代に活躍した学者で，彼の著『顔氏家訓』は，子孫を教え諭すため，家庭生活や風俗・学問など多岐にわたって具体的に指針を示した書物である。彼の子孫から唐代には『漢書』に注を施した顔師古や安史の乱で反乱軍に抵抗し，書家としても有名な**顔真卿**が生まれた。

問1　② が○。資料文末の「**平城**に都」がキーワード。「**鮮卑**」の拓跋氏が建国した「北魏」の当初の都である。従って，資料文中の「北方の習慣……」は「鮮卑の風習」と推定できる。

① **八王の乱**(290～306 年)に乗じて漢(前趙)を建てた五胡のひとつの匈奴は，永嘉の乱で「西晋」を滅ぼし，「長安」に都を置いた。

③ **六朝**は，呉・東晋・南朝(宋・斉・梁・陳)の 6 王朝の総称。いずれも江南の「**建康**(**呉の建業**)」を都とした。

④ 北周の武将楊堅(文帝)は 581 年**隋**を建て，都を「**大興城**(長安)」に置いた。

問2　① が○。北魏以来の北朝から隋・唐にいたる王朝の支配層は，鮮卑系の拓跋氏出身者が多く，その連続性から「拓跋国家」と呼ばれる。なお文中の「女性皇帝」は「**則天武后**〔**武則天**〕」をさす。

② 690 年自ら皇帝となった則天武后〔武則天〕は，科挙出身の官僚を登用した。以後，政治の担い手は貴族から科挙官僚へ移る転機となった。

③ 隋の**煬帝**によって華北と江南を結ぶ**大運河**は完成したが，民衆は疲弊し，高句麗遠征の失敗をきっかけに各地で反乱が起こり，618 年隋は滅亡した。

④ 北魏の第 6 代**孝文帝**は，494 年に平城から**洛陽**に遷都し，胡服や鮮卑語の禁止など**漢化政策**を推進したが，女性の積極的な活動は活性化されなかった。

問3　④ が○。会話文から「この時代」は**唐代**と推定できる。『**五経正義**』は五経の注釈書で，唐の第 2 代太宗の勅命により，孔穎達らが編纂した。

① **清談**は，魏・晋の時代に流行した老荘思想に基づく論談で，「竹林の七賢」と呼ばれる人々が世俗を超越した虚無的な論議を重んじた。

② **董仲舒**は前漢の武帝に献策して五経博士を置き，儒学が官学化された。

③ **寇謙之**は北魏の太武帝の信頼を受け，新天師道を組織して道教を大成し，太武帝に仏教弾圧(廃仏)を行わせた。

B 問1　③ 空欄 **ア** の皇帝は，説明文の「ローマ帝国の最大版図」から，五賢帝2代目の**い**の「**トラヤヌス帝**」と判断できる。帝は対外積極策をはかり，ドナウ川北のダキア，東方のアルメニアとメソポタミアを征服した。

X―トラヤヌス帝は，回答の書簡中で「彼ら(キリスト教徒)は捜索されるべきではない。……告発状は，……受理されるべきではない」と属州総督に回答し，「迫害・弾圧」などは命じていない。従って，「**い**―**X**」が○。

問2　① が○。ローマ帝国では，東方起源のミトラ教や3世紀にイラン人マニが，「ゾロアスター教・仏教・キリスト教を融合」して起こした「**マニ教**」が流行した。下線部の「他の宗教」はマニ教を指している。

② ナーナクは，16世紀にヒンドゥー教改革派の**シク教**を創始した。

③ **ボロブドゥール**は，ジャワのシャイレンドラ朝が建設した仏教寺院。

④ 六信五行は，イスラーム教徒〔ムスリム〕の信仰と行為の義務。

問3　③　**あ**―4世紀後半に始まるゲルマン人の大移動の混乱のなか，**テオドシウス帝**は，395年帝国を東西に分割して2子に分け与えた。

X―西ローマ皇帝は，476年ゲルマン人傭兵隊長オドアケルによって廃位され，西ローマ帝国は滅亡した。

い―ビザンツ帝国〔東ローマ帝国〕の**ユスティニアヌス帝**〔**ユスティニアヌス1世**〕は，6世紀に，北アフリカの**ヴァンダル王国**，イタリア半島の**東ゴート王国**を滅ぼし，西ゴート王国の一部を領有して一時的に地中海のほぼ全域の支配を復活した。

Y―661年成立した**ウマイヤ朝**のもとで，アラブ人ムスリムの征服活動は活発化し，西方ではイベリア半島に進出して711年に**西ゴート王国**を滅ぼした。

以上から，「**あ**―**X**　**い**―**Y**」の組合せが正しい。

7 イスラーム世界の形成

問題：本冊 p.46

問1 ② 問2 ② 問3 ④ 問4 ④
問5 ② 問6 ③ 問7 ③

解説

問1 **a** は○。『コーラン(クルアーン)』は，**ムハンマド**が神**アッラー**から下された啓示(けいじ)を，人々が記憶して伝えた伝承を基盤に，アラビア語で記された。

b 「メッカ」が×，「メディナ」が○。**メッカ**に生まれたムハンマドは，唯一神(ゆいいつしん)アッラーへの帰依(きえ)を説いたが，**クライシュ族**などに迫害され，622年に**メディナ**に移住した。この移住は，**ヒジュラ**(**聖遷**(せいせん))と呼ばれる。

問2 ムハンマドは，地図中の **b** の「メディナ」に移住し，ムスリムの共同体(**ウンマ**)をつくった。

問3 ④ が○。アッバース朝のもとで，**イスラーム法**(**シャリーア**)に基づく統治原則が確立され，民族の別なくムスリムはジズヤ(人頭税(じんとうぜい))を免除され，アラブ人でも農地を持つものはハラージュ(土地税)が課せられた。

①「**バーブ教徒の反乱**」は，ガージャール〔カージャール〕朝の支配に抵抗して1848年に起こったが，1852年までに鎮圧された。

②「ダレイオス1世」は，アケメネス朝第3代の王。

③「**アフガーニー**」は，19世紀にパン＝イスラーム主義を説き，エジプトの**ウラービー運動**やイランの**タバコ＝ボイコット運動**などに影響を与えた。

問4 ④ が○。「ファーティマ朝」は**シーア派**の王朝で，その君主は**スンナ派**のアッバース朝の正統性を認めず，自ら**カリフ**と称した。

①「**正統カリフ**」が×。正統カリフは，初代カリフのアブー＝バクルから，第4代**アリー**までのカリフをさし，ムスリムの合意で選出された。

②「古代エジプト」が×，「イラン」が○。古代エジプトの王は，**ファラオ**。

③「マムルーク朝」が×,「セルジューク朝」が○。セルジューク朝の**トゥグリル＝ベク**は，1055年に**バグダード**に入り，アッバース朝のカリフから**スルタン**の称号を得た。スルタンは政治的支配者を意味する。

問5 ② が○。軍人に，給与の代わりに一定地域の徴税権を与える「イクター制」は，**ブワイフ朝**で初めて実施され，セルジューク朝などイスラーム諸王朝に継承された。

①「コロナートゥス(コロナトゥス)」が×,「ラティフンディア」が○。コロヌス(土地に縛られた小作人)を使った**コロナートゥス**は，ローマ帝政後期に広まった。

③「元」が×，「北魏」が○。**均田制**は，北魏の孝文帝が施行した。

④「セルジューク朝」が×，「オスマン帝国」が○。**ティマール制**は，イクター制を継承した制度。

問6　空欄 **ア** は「**イェルサレム**」で，イスラームでは，メッカ・メディナにつぐ第3の聖地とされる。

③「岩のドーム」は，7世紀にウマイヤ朝のカリフであるアブド＝アルマリクの命によってイェルサレムに建てられた。

① 後ウマイヤ朝の首都は「**コルドバ**」に置かれたので×。

② ファーティマ朝は，10世紀後半，エジプトに新都「**カイロ**」を建設した。

④「カーバ神殿」は「**メッカ**」にあるので×。

問7　③ が○。**ベルベル人**は，マグリブ(モロッコ・アルジェリア・チュニジアを含む地域)の人々。イスラームの**ムラービト朝**・ムワッヒド朝を建てた。

①「ニジェール川流域」が×，「ザンベジ川流域」が○。「モノモタパ王国」は，**ジンバブエ**を中心に，ザンベジ川流域を支配した。ニジェール川流域では，**ガーナ王国**，**マリ王国**，**ソンガイ王国**が相次いで興り，サハラ縦断交易で栄えた。

②「クフ王」が×，「アメンヘテプ〔アメンホテプ〕4世」が○。

④「ドイツ」が×,「フランス」が○。アフリカのドイツ植民地は，カメルーンや東アフリカなど。

要注意！　**よく出るイスラーム関連用語**

☆**ジズヤ・ハラージュ**…前者は非ムスリムの払う人頭税，後者は土地税

☆**シャリーア**…イスラーム法。ムスリムの義務，社会的・政治的規定

☆**ウラマー**…イスラーム諸学を修めた知識人

☆**スーフィズム**…イスラーム神秘主義。その修道者がスーフィー

☆**マムルーク**…奴隷軍人。アッバース朝はトルコ系マムルークを用いた

8 イスラーム世界の発展と文明

問題：本冊 p.48

問1 ③	問2 ②	問3 ①	問4 ②
問5 ③	問6 ③	問7 ③	問8 ④

解説

問1 ①「ガーナ王国」と「ムラービト朝」が入れ替わっているので×。ガーナ王国は，西アフリカ産の金などを，北アフリカにもたらして栄えたが，**ベルベル人**がモロッコに建てた**ムラービト朝**の侵攻を受けて衰退した。

②「**ナーランダー僧院**」は，仏教の教義研究の僧院。玄奘（げんじょう）や義浄（ぎじょう）が訪れた。

④「祆教（けんきょう）」が×，「**回教**（かいきょう）」が○。祆教は，ゾロアスター教の中国名。

問2 ② **アイユーブ朝**の「**サラディン（サラーフ＝アッディーン）**」は，第１回十字軍によって奪われたイェルサレムを奪回し，第３回十字軍とも戦った。

①「カージャール朝」〔ガージャール朝〕が×，「**奴隷王朝**（どれい）」が○。ゴール朝の将軍**アイバク**が，インドのデリーで樹立したインド最初のイスラーム王朝。

③「ムワッヒド朝」が×，「**セルジューク朝**」が○。

④「セイロン島」が×，「**スマトラ島**」が○。

問3 ① **a**は○。モスクやマドラサなど宗教や公共の施設の建設，またその維持・運営の資産は，王族や豪商など上層階層の寄進でまかなわれた。この信託財産は「**ワクフ**」と呼ばれた。

bは○。「マドラサ」は，各地に設けられた教育機関で，ここで学問を修めた者は，**ウラマー**（知識人）と呼ばれた。

問4 ② ニジェール川中流域の**トンブクトゥ**は，特にマリ王国・ソンガイ王国の時代に「**岩塩と金の貿易**」やイスラームの学問の中心地として栄えた。

① **マカオ**や**マニラ**などでは中国産の生糸や日本銀・メキシコ銀が交換された。

③ 中国東北地方（のちの満洲）では，**女真**（じょしん）が薬用人参や毛皮の交易で活躍した。

④ 香料諸島と呼ばれた**マルク〔モルッカ〕諸島**などにヨーロッパ人が進出した。

問5 ③「**スーフィズム**」は，神との合一をめざして修行する修行者（スーフィー）に由来する。スーフィズムは，神学者**ガザーリー**が理論化した。

② の「**バクティ**」は，6世紀半ば頃から南インドで広がった宗教運動で，ヒンドゥー教の**シヴァ神**や**ヴィシュヌ神**への絶対的帰依（きえ）を説いた。

① はイスラーム教徒の「聖戦(せいせん)」，④ は「イスラーム法」のこと。

問6　③「イスラーム世界からインドに」が×，「**インドからイスラーム世界に**」が○。**ゼロの概念**は，インドのグプタ朝時代には，十進法とともに用いられていた。

問7　③ が○。「**トンブクトゥ**」は，ニジェール川中流域に位置し，岩塩や金などの交易都市として栄えた。**ソンガイ王国**時代には，黒人による最初の大学が設立され，イスラーム教の学術の中心となった。

① 「フェニキア人」が×，「**アラム人**」が○。フェニキア人は，**ティルスやシドン**などの港市(こうし)を拠点に，海上交易で栄えた。

② 「エーゲ海」が×，「**インド洋**」が○。『エリュトゥラー海案内記』は，1世紀中頃のインド洋や紅海・アラビア海の航海案内書。この頃，南インドでは，ドラヴィダ系の**サータヴァーハナ朝**がインド洋交易で栄えた。

④ 「ヘイロータイ」が×。**ヘイロータイ**〔ヘロット〕は，スパルタの奴隷身分の農民。**ペリオイコイ**(周辺に住む劣位の市民)が，商工業に従事した。

問8　④ が○。ムスリム商人は，**ダウ船**を操ってモガディシュ・**マリンディ**・ザンジバル・キルワなどアフリカ東岸の海港を拠点にインド洋交易で活躍した。

① 「木材など生活必需品」が×，「**香辛料・絹織物など奢侈品(しゃしひん)**」が○。

② 「ジェノヴァ」が×，「**ヴェネツィア**」が○。

③ 「ザンベジ川流域」が×，「**ニジェール川中流域**」が○。

要注意！　西方イスラーム世界の重要都市

●イベリア半島

☆**コルドバ**…後(こう)ウマイヤ朝の首都

☆**グラナダ**…ナスル朝の首都。**アルハンブラ宮殿**

●アフリカ

☆**カイロ**…ファーティマ朝・アイユーブ朝・マムルーク朝の首都

☆マラケシュ…ムラービト朝・ムワッヒド朝の首都

☆**トンブクトゥ**…ニジェール川中流域の交易都市

☆**マリンディ**・キルワ…東アフリカの海港都市。**スワヒリ語**が普及

9 ヨーロッパ世界の形成

問題：本冊 p.50

問1 ①	問2 ③	問3 ③	問4 ②
問5 ②	問6 ④	問7 ③	

解説

問1 ① が○。**マジャール人**は，ウラル語系の民族。10 世紀半ばに東フランク王国に侵入したが，レヒフェルトの戦いで，**オットー1世**に敗れ，その後，カトリックに改宗し，10 世紀末にハンガリー王国を建てた。

②「モンゴル軍」が×，「**オスマン帝国**」が○。オスマン帝国の**スレイマン1世**は，1529 年にウィーンを攻撃した(第 1 次ウィーン包囲)。

③「フン人」が×，「**ブルガール人**」が○。**フン人**は，**アッティラ王**のもとで，パンノニア地方に建国したが，5 世紀半ば，カタラウヌムの戦いで西ローマ・ゲルマン連合軍に敗れた。④「敗れた」が×，「**勝利した**」が○。

要注意！ スラヴ人とロシア

●西スラヴ人

☆**ポーランド人**…14 世紀末に**ヤゲウォ〔ヤゲロー〕朝**が成立　｝**カトリック**を信仰

☆**チェック人**…ベーメン〔ボヘミア〕王国を建国　｝**カトリック**を信仰

●南スラヴ人

☆**セルビア人**…**ギリシア正教**に改宗

●ロシア

☆ノルマン人のリューリクが，**ノヴゴロド国**を建国

☆**キエフ公国**…ウラディミル 1 世が，**ギリシア正教**に改宗

問2 ビザンツ帝国の**ユスティニアヌス帝**は，6 世紀に，北アフリカの**ヴァンダル王国**，さらにイタリアの**東ゴート王国**を滅ぼした。

問3 ①「ローマ＝カトリック」が×，「**ギリシア正教**」が○。

②「コンスタンツ公会議」が×，「**ニケーア公会議**」が○。**コンスタンツ公会議**は，15 世紀初めに開かれ，**教会大分裂**(大シスマ)を終結し，ベーメン(チェコ)の神学者**フス**を異端(いたん)とした。

④「ユーグ＝カペー」が×。ユーグ＝カペーは，**カペー朝**の創始者。「アルビジョワ派(カタリ派)」は，12 世紀頃から南フランスを中心に広まったキリスト教の異端で，13 世紀，ルイ 9 世の時代に制圧された。

問4　② が○。12～13 世紀は大開墾時代で，森林や荒れ地の開墾が進められた。その中核的な役割を果たしたのが「**シトー修道会**」。

①「インノケンティウス 3 世」が×，「**ベネディクトゥス**」が○。

③「クローヴィス」が×，「**教皇グレゴリウス 7 世**」が○。

④「ヘンリ 3 世」が×，「**ヘンリ 8 世**」が○。「ヘンリ 8 世」は，1534 年首長法(しゅちょうほう)〔国王至上法(しじょうほう)〕を定めてイギリス国教会を設立し，「修道院を解散」してその土地を没収・売却した。

問5　①「13 世紀」が×，「**11 世紀半ば**」が○。ローマ教会とコンスタンティノープル教会〔ギリシア正教会〕の両教会は，1054 年に分離した。

③「ギリシア正教会が皇帝を」が×，「**皇帝がギリシア正教会を**」が○。

④「ステンドグラス」が×，「**ドームとモザイク画**」が○。「ステンドグラス」は，**ゴシック様式**の特色のひとつである。

問6　④ が○。ビザンツ皇帝レオン 3 世は，726 年に**聖像(せいぞう)禁止令**を発布してイコン(聖像・聖画)を排撃した。ゲルマン人への布教に際し，聖像を必要としたローマ教会との間で，聖像崇拝をめぐる論争が続いた。

①「ポルトガル王国」が×，「**スペイン王国**」が○。アラゴン王子フェルナンドとカスティリャ王女**イサベル**の結婚によって両国が合併され，15 世紀後半にスペイン王国が誕生した。

②「第 7 回」が×，「**第 4 回**」が○。教皇**インノケンティウス 3 世**が提唱した第 4 回十字軍は，**ヴェネツィア**の要求により，コンスタンティノープルを占領して**ラテン帝国**を建てた。③「アヴァール人」が×，「**ノルマン人**」が○。

問7　③ が○。空欄 **ア** は「**カール大帝〔シャルルマーニュ〕**」。宮廷にアルクインら学者を招き，「**カロリング＝ルネサンス**」と呼ばれる学芸復興に努めた。

①「フン人」が×，「**アヴァール人**」や「**イスラーム勢力**」が○。

②「イングランド王国」が×，「**ランゴバルド王国**」が○。

④「初めて……改宗した」が×，5 世紀末にメロヴィング朝を開いた**クローヴィス**がアタナシウス派キリスト教に改宗した。

10 西ヨーロッパ世界の変容と中世文化

問題：本冊 p.52

問 1 ③	問 2 ③	問 3 ④	問 4 ③	問 5 ②	問 6 ③
問 7 ②	問 8 ④	問 9 ②	問 10 ③	問 11 ③	問 12 ④

解説

問 1　①「輸入品」が×，「**輸出品**」が○。

②「イタリア戦争」が×，「**百年戦争**」が○。**イタリア戦争**は，おもにフランスの**ヴァロワ朝**と神聖ローマ皇帝位をもつ**ハプスブルク家**によるイタリアの覇権(はけん)をめぐる抗争。

④「力織機(りきしょっき)」が×。力織機は産業革命期の 18 世紀後半，イギリスの**ワット**が改良した蒸気機関を動力源として，**カートライト**が発明した。

問 2　① は冷戦期に成立(1949 年)したドイツ連邦共和国，② は 1871 年成立したドイツ帝国，④ はカール大帝時代のフランク王国の版図を示している。

問 3　④「東欧」が×，「**西欧**」が○。エルベ川以東では，領主が農民を土地に縛り付け，西欧への穀物輸出を図る**農場領主制**(グーツヘルシャフト)が広まった。

問 4　地図中の **b** が「リューベック」。地図中の **a** はアムステルダム。

問 5　**ア**　聖職者への課税をめぐってフランス王フィリップ 4 世と衝突し，一時捕らえられた(アナーニ事件)のは，教皇**ボニファティウス 8 世**である。

イ　フィリップ 4 世は，14 世紀初め，教皇庁を南フランスの**アヴィニョン**に移転させた。「**教皇のバビロン捕囚(ほしゅう)**」と呼ばれる。

問 6　③『ドン＝キホーテ』は，ルネサンス期に，**セルバンテス**が著した小説。

問 7　② が○。「**ジョン＝ボール**」は，ウィクリフの宗教改革の影響を受け，「**ワット＝タイラーの乱**」(1381 年)を思想面から指導した。

①「ノルマン人」が×，「**ローマ人**」が○。クローヴィスはアタナシウス派に改宗してローマ人貴族の支持を得た。

③「統一法」が×，「**ミラノ勅令(ちょくれい)**」が○。

④「ボニファティウス 8 世」が×，「**ウルバヌス 2 世**」が○。ボニファティウス 8 世は，フランス王フィリップ 4 世と争い，捕らえられた(1303 年，アナーニ事件)。

問8　④が○。12世紀中頃，イギリスでは，**ノルマン朝**が断絶し，フランスのアンジュー伯が，ヘンリ2世として即位し，**プランタジネット朝**を開いた。

①「ポエニ戦争」は，前3～前2世紀のカルタゴとの戦い。ローマがブリテン島を属州としたのは，1世紀半ば以降である。

②「ノルマンディー公国」が×，「**アングロ＝サクソン七王国**〔**ヘプターキー**〕」が○。**ノルマンディー公国**は，**ロロ**の率いるノルマン人の一派が，セーヌ川下流域に建てた。

③「アヴァール人」が×，「**ノルマン人**〔**デーン人**〕」が○。**アヴァール人**は，アルタイ語系の民族で，フランク王国のカール大帝に撃退された。

問9　②が○。神聖ローマ皇帝カール4世は，1356年に**金印勅書**(きんいんちょくしょ)を出して，七選帝侯(せんていこう)による皇帝選出の制度を確立した。

①「オランダ」が×，「**イギリス**」が○。

③「ノヴゴロド国」が×，「**ヤゲウォ**〔**ヤゲロー**〕**朝**」が○。

④「フィリップ2世」が×，「**フィリップ4世**」が○。

問10　**ア**　イベリア半島では，キリスト教徒による**国土回復運動**〔**レコンキスタ**〕が進み，ポルトガル・**カスティリャ**・「**アラゴン**」の3王国が台頭した。15世紀後半，アラゴン王子フェルナンドとカスティリャ王女イサベルが結婚し，1479年に**スペイン王国**が誕生した。**イ**　1492年，スペインは，「ナスル朝」の首都**グラナダ**を占領してレコンキスタを完了した。

問11　**ア**　尖塔(せんとう)と**ステンドグラス**は，「**ゴシック様式**」建築の特徴。**ロマネスク様式**の建築は，重厚な石壁と半円アーチが特徴。

イ　中世西ヨーロッパの学問は，神学が最高の学問とされ，「**スコラ学**」が発達し，**アンセルムス**(実在論)，**アベラール**(唯名論(ゆいめいろん))，**トマス＝アクィナス**(『神学大全(たいぜん)』)，**ロジャー＝ベーコン**(実験の重視)らが活躍した。

問12　①「漢代(かん)」が×，「**唐代**(とう)」が○。中国では「**景教**(けいきょう)」と呼ばれた。

②「トリエント公会議」が×，「**コンスタンツ公会議**」が○。**トリエント公会議**〔**トレント公会議**〕は，宗教改革に直面したカトリック教会が，16世紀中頃に開催し，教皇の至上権や教義の再確認など，態勢の立て直しを図った。

③「アリウス派」が×，「**アタナシウス派**」が○。**アリウス派**は，325年の**ニケーア公会議**で異端(いたん)とされた。

11 宋とモンゴル帝国・元

問題：本冊 p.56

問 1 ④　問 2 ②　問 3 ④　問 4 ②　問 5 ④　問 6 ②　問 7 ①
問 8 ⑥　問 9 ①　問 10 ①　問 11 ③　問 12 ②　問 13 ③

解説

問1 **趙匡胤**(太祖)は，物資の集積地であった ④ の「**開封**」を都とした。

問2 「**殿試**」は，皇帝自らが行う最終試験で，960 年に宋(北宋)を建国した趙匡胤(太祖)が創設した。

問3 ④ **a** 「黄河流域」が×，「**長江下流域**」が○。占城(チャンパー)稲の導入により，長江下流域は，“**蘇湖(江浙)熟すれば天下足る**”といわれた。

b は×。インド洋の季節風貿易は，1 世紀頃から盛んになった。

問4 ①「朱印船貿易」が×，「**日宋貿易**」が○。**朱印船貿易**は，江戸幕府が渡航者に朱印状を発給して行われ，徳川家光による海外渡航禁止で廃された。

③「布銭(布貨)」が×，「**銅銭**」が○。**布銭**は**刀銭**とともにおもに戦国時代に使われた**青銅貨幣**。また北宋では**交子**，南宋では**会子**などの紙幣も使われた。

④「草市」が×，「**行・作**」が○。**行**は商人，**作**は手工業者の同業組合。

問5 「**市舶司**」は，海上交易を管理・徴税する機関で，唐代に初めて広州に置かれた。宋代には**臨安**(杭州)・地図中の **b** の「**明州**(寧波)」・泉州・広州などに置かれた。

問6 ② **a** は○。宋学は北宋の**周敦頤**らが興し，南宋の**朱熹**〔**朱子**〕が大成した。

b 「アリスタルコス」が×，「プトレマイオス」が○。**アリスタルコス**は，地球の公転と自転，太陽中心説を唱えたヘレニズム時代の学者。

問7 ① 空欄 **ア** は「漢語で編纂された……『金史』」から「**女真**」が想定できる。金は，女真人には「**猛安・謀克**」という部族制を，領内の漢人には州県制を適用して統治した。

②「**ソンツェン＝ガンポ**」は，吐蕃の建国者で×。「**完顔阿骨打**」が○。

③「**テムジン**」は，クリルタイでチンギス＝カン〔ハン〕として即位し，大モンゴル国〔イェケ＝モンゴル＝ウルス〕を建てた。

④「**冒頓単于**」は，前 3 世紀末に即位した匈奴の単于で，強大な遊牧国家を築いた。

問8 **a** 12世紀前半，遼が女真の金によって滅ぼされた際，皇族の**耶律大石**が中央アジアに逃れ，カラハン朝を倒して**カラキタイ〔西遼〕**を建てた。

b **突厥**は，6世紀，ホスロー1世の**ササン朝**と結んで**エフタル**を滅ぼした。

c フン人のアッティラ王は，5世紀に，パンノニア地方に帝国を建てた。

問9 ②「王安石」が×，「趙匡胤」が○。**王安石**は，宋の**神宗**の時代に宰相に起用され，**新法**と呼ばれる改革を行ったが，司馬光ら**旧法党**に反対された。

③「アリー」が×，「ムアーウィヤ」が○。**アリー**は，第4代の正統カリフ。

④「ジョージ1世」が×，「ヘンリ7世」が○。ジョージ1世は，**ハノーヴァー朝**(1917年ウィンザー朝と改称)を開いた。

問10 **ア** 1206年，有力者の集会である「クリルタイ」で，**テムジン**がカン〔ハン〕に選ばれ，**チンギス＝カン〔ハン〕**と称した。

イ カン位をめぐって「フビライ(クビライ)」とアリクブケが争ったが，クビライが勝利した。その後も**カイドゥの乱**が起こり，この争乱は約40年も続いた。

問11 ③が○。「バトゥ」は，西方へ遠征し，**ワールシュタット〔リーグニッツ〕の戦い**でドイツ・ポーランド諸侯軍を撃破した。

①「モンケ」が×，「オゴデイ＝カアン」が1234年に金を滅ぼした。

②「チャガタイ＝ハン国」が×，「イル＝ハン国」が○。

④「オゴタイ」〔オゴデイ〕が×，「クビライ〔フビライ〕」が○。

問12 **郭守敬**が，イスラーム天文学の成果を取り入れて「**授時暦**」をつくった。江戸時代に，この暦をもとに，渋川春海が「貞享暦」をつくった。

問13 ③クビライは，チベット仏教サキャ派の「パスパ(パクパ)」を国師に任じ，**パスパ文字**を採用した。元では，チベット仏教が手厚く遇された。

①「漢」が×，「清」が○。清代には**『康熙字典』**・**『古今図書集成』**・**『四庫全書』**などが編纂された。

②「東南アジア海域」が×，「東アフリカ海岸」が○。**スワヒリ**は，東アフリカ沿岸部に住むバントゥー族のイスラーム教徒とその言語・文化をさす。

④「イブン＝ハルドゥーン」が×，「ラシード＝ア〔ウ〕ッディーン」が○。**ラシード＝アッディーン**は，イル＝ハン国のガザン＝ハンの宰相。**イブン＝ハルドゥーン**は，『世界史序説』を著し，歴史法則を考察した。

12 明・清と東アジア世界

問題：本冊 p.60

問1 ①　問2 ①　問3 ①　問4 ③
問5 ④　問6 ②　問7 ②

解説

問1 ①「李成桂(りせいけい/イソンゲ)」が×,「朱元璋(しゅげんしょう)」が○。**李成桂**は,**朝鮮**(**朝鮮王朝**)の建国者。**朱元璋**(**洪武帝**(こうぶてい),**太祖**)は,1368年に**金陵**(きんりょう)(**南京**(ナンキン))を都に,**明**(みん)を建国した。

まとめて覚える！ 明の洪武帝と永楽帝の政治

●洪武帝　都：金陵(南京)
☆宰相(さいしょう)と中書省(ちゅうしょしょう)の廃止,六部(りくぶ)の皇帝直属
☆**里甲制**(りこうせい)…徴税と徭役(ようえき)の円滑化,農村の治安維持
☆**魚鱗図冊**(ぎょりんずさつ)…土地台帳　☆**賦役黄冊**(ふえきこうさつ)…戸籍と租税台帳
☆六諭(りくゆ)…儒教に基づく民衆教化　☆**衛所制**(えいしょせい)…兵農一致の兵制
●永楽帝(えいらくてい)　北京(ペキン)へ遷都
☆内閣大学士(ないかくだいがくし)の設置　☆**鄭和**(ていわ)の南海遠征→朝貢(ちょうこう)貿易の確立

問2 **ア**　**万暦帝**(ばんれきてい)に起用された**張居正**(ちょうきょせい)は,**一条鞭法**(いちじょうべんぽう)など諸改革を進める一方,モンゴルの**アルタン＝ハーン**と和解するなど,強権的な政治を断行した。

イ　張居正に追われた**顧憲成**(こけんせい)は,**東林書院**(とうりん)を設立した。ここに集まった郷紳(きょうしん)(東林派)が当時の政治を批判し,非東林派との党争が激化した。

問3 ① が○。明の冊封(さくほう)を受けていた**琉球**(りゅうきゅう)は,1609年薩摩(さつま)藩の島津(しまづ)氏の攻撃を受けて服属したが,明への朝貢は続け,日明両属の状態になった。

②「シャイレンドラ朝」は,8世紀～9世紀に栄えた。

③「**コンバウン朝**」は,明滅亡後の1752年に成立した。

④「儒学を禁じた」が×,「**朱子学**(しゅしがく)**を振興した**」が○。**黎朝**(れい)は1428年に明から独立し,明と朝貢関係を結んだ。

問4 ③ が○。**南洋華僑**(かきょう)は,商業を中心に東南アジアの港市に居住した。

①「撤廃された」が×,「**強化された**」が○。1882年に中国人移民禁止法が制定された。

②「東京」が×,「ハワイ」が○。**孫文**らが 1894 年に**興中会**を結成した。

④「中国系」が×,「マレー系(マレー人)」が○。中国系住民を中心に 1965 年「**シンガポール**」が分離・独立した。

要注意！　イエズス会宣教師の活躍(明末清初)

☆**マテオ＝リッチ**…**『坤輿万国全図』**(世界地図),『幾何原本』

☆アダム＝シャール…**『崇禎暦書』**(徐光啓の協力)

☆ブーヴェ…『皇輿全覧図』(清の実測地図)

☆**カスティリオーネ**…西洋画法の紹介,**円明園**の設計

問5　**a** は,清の康熙帝の晩年から施行された「**地丁銀制**」,**b** は唐代に行われた「**租調庸制**(**租庸調制**)」,**c** は,銀の流通を背景に,明代 16 世紀後半に始まった「**一条鞭法**」についての記述である。

要点を押さえる！　明・清時代の社会・経済

☆茶・綿・桑の栽培→綿織物業・絹織物業の発達(長江下流域)

☆「**湖広熟すれば天下足る**」(長江中流域)

☆**山西商人**や**徽州**(**新安**)**商人**の広域活動→**会館**・**公所**の設立

☆**景徳鎮**の赤絵・染付

☆**日本銀**や**メキシコ銀**の流入…一条鞭法→地丁銀制の実施

問6　**a** の「**欧陽脩**」は,**蘇軾**らとともに,宋代の名文家。**b** の「**顧炎武**」は,**黄宗羲**とともに明末清初に活躍した考証学者。**c** の『**永楽大典**』は,明の永楽帝の治世に,『四書大全』『五経大全』などとともに編纂された百科事典。

問7　**ア**　朝鮮(李朝)では,15 世紀前半,**金属活字**による活版印刷が盛んになるほか,15 世紀半ばには,表音文字の「**訓民正音**(**ハングル**)」が公布された。選択肢の「**字喃**(**チュノム**)」は,ベトナムの**陳朝**の時代に,漢字をもとにつくられた文字。

イ　**倭寇**討伐で名声をあげた「李成桂」が,1392 年に**高麗**の王を廃して朝鮮を建国した。選択肢の「李世民」は,唐の第 2 代皇帝。

13 オスマン帝国とムガル帝国

問題：本冊 p.62

問1 ①　**問2** ①　**問3** ①　**問4** ④
問5 ②　**問6** ②　**問7** ③

解説

問1 ①　**a**は○。**ティムール**は，西チャガタイ＝ハン国のトルコ系武将で，1370年，**サマルカンド**を都に，ティムール帝国〔ティムール朝〕を建てた。

bは○。ティムールの子孫**バーブル**は，北インドに進出し，パーニーパットの戦いでロディー朝を破り，**ムガル帝国**の基礎を築いた。

問2　ティムール朝の首都サマルカンド(地図中の**a**)は，モスクなどの建築物や**細密画**(さいみつが)(**ミニアチュール**)など，トルコ＝イスラーム文化の中心地として栄えた。

問3　①「シク教」は,宗教改革者**カビール**やイスラーム神秘主義(スーフィズム)の影響を受けた「**ナーナク**」が,ヒンドゥー教とイスラーム教を融合して創始した。唯一の神を強調し，偶像崇拝やカーストの差別を否定した。シク教はパンジャーブ地方を中心に広がり，ムガル帝国と抗争を続けた。

②「**シヴァ神**」やヴィシュヌ神を主神とする宗教は，**ヒンドゥー教**。

③「**ヒジュラ**」は622年にムハンマドが**メッカ**から**メディナ**へ移住したこと。

④「**景教**(けいきょう)」は，唐(とう)代に伝わった**ネストリウス派**キリスト教の中国での呼称。

問4　④「スンナ派」が×，「シーア派」が○。サファヴィー朝は，シーア派の一派の**十二イマーム派**を国教とした。

①マウリヤ朝のアショーカ王は，仏教を保護し，仏典の結集(けつじゅう)を行い，セイロンなどへ布教師を派遣した。

②ディオクレティアヌス帝は，皇帝崇拝を強制し，キリスト教徒への大迫害を行った。

③ササン朝はゾロアスター教を国教とし，マニ教を異端として迫害した。

問5　②　**a**は○。

bは×。「**カピチュレーション**」は，オスマン帝国が，ヨーロッパ諸国に与えた通商や居住などの特権で，16世紀半ば，フランスに与えられ，その後，イギリス・オランダなどにも認められた。

要注意！ よく出るオスマン帝国関連の用語

☆**ティマール制**：騎士(きし)などに，軍事奉仕の代償として土地からの徴税権を与えた。土地と農民に対する支配権は認めず

☆**デヴシルメ制**：バルカン半島のキリスト教徒の少年を徴募し，イスラーム教の教育をした上で，官僚・軍人とする制度

☆**イェニチェリ**：スルタン直属の歩兵軍団

☆**カピチュレーション**：在留する外国商人に与えた通商などの特権

問6　② が○。「タージ＝マハル」は，ムガル皇帝シャー＝ジャハーンが愛妃の死を悼んでアグラに造営した墓廟。

①「タミル語」が×,「ウルドゥー語」が○。ムガル帝国の公用語のペルシア語と北インドの地方語が混交してウルドゥー語が生まれた。現在パキスタンの国語となっている。「タミル語」は,南インドやスリランカに分布するタミル人が使用するドラヴィダ系の言語。

③「**ワヤン**」は，ジャワのシンガサリ朝やマジャパヒト王国の時代に発達した。

④「**ウルグ＝ベク**」は，ティムール朝第4代の君主で，天文学にくわしく，**サマルカンド**に当時世界最高水準の天文台を建設した。

問7　③　**a**　「ギリシア語からラテン語」が×，「ラテン語からギリシア語」が○。

b は○。ムガル帝国では，公用語はペルシア語とされたが，北インドでは，**ヒンディー語**にペルシア語･アラビア語がまざった**ウルドゥー語**が成立した。

要注意！ よく出るムガル皇帝

☆バーブル：ティムールの子孫。ムガル帝国を創始(1526年)

☆**アクバル**：**アグラ**に遷都。**ジズヤ**(人頭税(じんとうぜい))廃止→ヒンドゥー教と融和

☆シャー＝ジャハーン：アグラ郊外に「**タージ＝マハル**」建築

☆**アウラングゼーブ**：最大領域。ジズヤの復活→**マラーター王国**の反抗や**シク教徒**の反乱

14 大航海時代・ルネサンス・宗教改革

問題：本冊 p.64

問1 ⑤　問2 ⑤　問3 ④　問4 ②　問5 ④　問6 ④

解説

問1　**a**　**マゼラン**艦隊の世界周航は，1519〜22年。マゼラン〔マガリャンイス〕は，フィリピンで現地人に殺されたが，部下が航海を続け，帰国した。

b　**クック**の太平洋探検は，18世紀後半。

c　**バルトロメウ＝ディアス**は，1488年に**喜望峰**に到達した。さらに**ヴァスコ＝ダ＝ガマ**が，喜望峰を回り，1498年インドの**カリカット**に到着した。

問2　⑤が○。**Ⅰ**は，イエズス会宣教師の「マテオ＝リッチ」。明末に中国最初の世界地図『**坤輿万国全図**』を作製し，北京で1602年刊行した。

Ⅱは，アメリカの探検家「ピアリ」。1909年に北極点に達した。

Ⅲは，「コロンブス」。**トスカネリ**の地球球体説をもとに，スペイン女王**イサベル**の支援で大西洋を西航し，1492年バハマ諸島のサンサルバドル島に到達した。従って**Ⅲ→Ⅰ→Ⅱ**の順。

問3　**ア**　スペインは，ボリビアの「ポトシ」銀山をはじめ，メキシコなど各地で金・銀の鉱山を開発した。大量の銀がヨーロッパに運ばれ，物価の大幅な上昇(**価格革命**)を起こした。選択肢の「**クスコ**」は，インカ帝国の首都。

イ　メキシコ産の銀は，太平洋を横断するアカプルコ貿易によって，スペイン領のフィリピンの「マニラ」に運ばれ，中国の絹や陶磁器と交換された。**メキシコ銀**が大量に流入した明では，税制が両税法から，銀で一括徴収する**一条鞭法**に変わった。選択肢の「フエ」は，ベトナム中部に位置し，阮朝(越南国)の首都として繁栄した。

問4　②　**a**は○。レオナルド＝ダ＝ヴィンチの「最後の晩餐」と，**ミケランジェロ**がヴァチカンのシスティナ礼拝堂に描いた「最後の審判」を間違えないこと。

bは「ラテン語」が×，「**トスカナ地方の口語**(トスカナ語)」が○。

問5　④『**デカメロン**』は，イタリアの詩人「ペトラルカ」と並ぶ人文主義者の「ボッカチオ」が著した文学で，黒死病流行下の世相を異なる身分の人物の逸話を盛り込んで風刺した。なお，ネーデルラントの人文主義者「**エラスムス**」は，『愚神礼賛』を著して教会の腐敗を批判した。

要注意！ よく出るルネサンス期の思想家・天文学者

☆エラスムス：『愚神礼賛』で，教会の腐敗を批判

☆**トマス＝モア**：『**ユートピア**』で，囲い込み(エンクロージャー)を批判

☆モンテーニュ：フランス人。『エセー〔随想録（ずいそうろく）〕』

☆**コペルニクス**：ポーランド人。地動説を主張

☆ケプラー：ドイツ人。惑星の運動法則を発見

☆**ガリレイ**：地動説を唱え，宗教裁判で迫害を受けた

問6　**a**　神聖ローマ皇帝**カール5世**とルター派諸侯（しょこう）の対立が続いたが，1555年に**アウクスブルクの和議**で妥協が成立した。この和議で，諸侯は，カトリックかルター派かの選択権を認められたが，個人の信仰の自由やカルヴァン派は認められなかった。

b　ルターは，教皇**レオ10世**が販売を許可した**贖宥状（しょくゆうじょう）**〔免罪符（めんざいふ）〕を批判し，1517年に**95カ条の論題**を発表した。皇帝カール5世から追放宣言を受けたルターは，ザクセン選帝侯（せんていこう）に保護され，**『新約聖書』をドイツ語に翻訳**した。

c　**ドイツ農民戦争**は，1524～25年ドイツ中・南部に起こり，**ミュンツァー**らの指導で過激化すると，ルターは諸侯に徹底的弾圧を求めた。

要点を押さえる！ ツヴィングリとカルヴァン

☆ツヴィングリ：スイスのチューリヒで改革

☆**カルヴァン**：スイスの**ジュネーヴ**で改革。「**予定説**」を唱え，禁欲と勤労に努めることを説き，結果としての蓄財を容認

☆カルヴァン派：商工業者の間に広まる

ユグノー(フランス)・ピューリタン(イングランド)・

プレスビテリアン(スコットランド)・

ゴイセン(オランダ)

15 主権国家体制の形成

問題：本冊 p.66

問1 ③　　問2 ④　　問3 ④　　問4 ③　　問5 ④

解説

問1　ア「フェリペ2世」は，ハプスブルク家のスペイン王**カルロス1世**〔神聖ローマ皇帝カール5世〕の子で，スペイン＝ハプスブルク家を継承し，ネーデルラントやアメリカ大陸の領土を相続した。文章中の「カトー＝カンブレジ条約」は，**イタリア戦争**の講和条約。また「地中海域の海戦」は，1571年の「**レパントの海戦**」のこと。

イ　カルヴァン派〔**ゴイセン**〕が広まっていたネーデルラントでは，フェリペ2世のカトリック強制と重税の賦課に反抗して**オランダ独立戦争**が始まり，北部7州は**ユトレヒト同盟**を結成した。フェリペ2世は，これを支援する**エリザベス1世**の「イギリス」へ進攻したが，1588年，**無敵艦隊**〔**アルマダ**〕が，イギリス海軍に敗れた。

問2　スペインは，16世紀後半に，フィリピンに地図中**b**の「マニラ」を建設した。マニラは，アメリカ産の銀（**メキシコ銀**）と中国の絹や陶磁器の取引地として繁栄した。

地図中の**a**は，「マカオ」。16世紀半ばに，ポルトガルが居住権を得，日本の平戸(ひらど)とともに，日本銀や中国の絹などの交易で栄えた。

問3　ア　ベーメンのプロテスタントの反乱から始まった**三十年戦争**では，ルター派のデンマーク王やスウェーデン王「グスタフ＝アドルフ」が，プロテスタントの支援を口実にドイツに侵入した。選択肢の「ミハイル＝ロマノフ」は，ロシアの**ロマノフ朝**の創始者。

イ　神聖ローマ皇帝軍の傭兵(ようへい)隊長「ヴァレンシュタイン」は，リュッツェンの戦いで，スウェーデン軍に敗れた。選択肢の「**リシュリュー**」は，カトリック教国フランスのルイ13世の宰相(さいしょう)で，ハプスブルク家打倒を名目に，三十年戦争に介入し，プロテスタント側についた。三十年戦争は，1648年の**ウェストファリア条約**で終結した。

問4　③が○。ルイ13世と宰相**リシュリュー**は，ハプスブルク家に対抗して「**三十年戦争**」に介入し，プロテスタント側を支援した。

① 「**トゥール・ポワティエ間の戦い**」は，732 年にフランク王国の宮宰(きゅうさい)カール＝マルテルが，イベリア半島から侵入したウマイヤ朝下のイスラーム軍を西フランスで撃退した戦い。

② 第 3 回十字軍(1189～1192 年)に参加したのは，カペー朝の「**フィリップ 2 世**」で，イギリス王リチャード 1 世と衝突していち早く帰国した。

④ 1799 年**ナポレオン＝ボナパルト**が，ブリュメール 18 日のクーデタで「総裁政府」を倒し「統領政府」を樹立した。

要注意！　ウェストファリア条約(1648 年)→神聖ローマ帝国の解体

☆アウクスブルクの和議の再確認とカルヴァン派の公認

☆**スイス**と**オランダ**の独立

☆ドイツの領邦国家のほぼ完全な主権の承認

問 5　④ 空欄 **ア** は「メアリ 2 世」。1689 年オランダのオラニエ公で夫のウィリアム 3 世とともに議会が決議した「権利の宣言」を「**権利の章典**」として承認した。

① ロンドン万国博覧会は，**ヴィクトリア女王**時代の 1851 年に開催された。

② 1721 年に，ホイッグ党の**ウォルポール首相**のもとで**責任内閣制**が始まった。

③ スペインの**フェリペ 2 世**と結婚したのは，テューダー朝の「**メアリ 1 世**」。

要点を押さえる！　17 世紀はオランダの世紀

●**東インド会社**の設立(1602 年)

☆**バタヴィア**(現ジャカルタ)，マラッカ，セイロン島〔スリランカ〕，ケープ植民地，ニューネーデルラント植民地(北アメリカ東海岸)

●文化

☆**スピノザ**：汎神論(はんしんろん)を説く

☆**グロティウス**：『海洋自由論』**『戦争と平和の法』**→自然法を国際関係に適用

☆**レンブラント**：バロック画家，「夜警(やけい)」

3 章　諸地域の交流・再編

16 近世ヨーロッパ諸国の覇権競争

問題：本冊 p.68

問 1 ④ **問 2** ② **問 3** ① **問 4** ③ **問 5** ② **問 6** ② **問 7** ②
問 8 ① または ⑤ **問 9** ④ **問 10** ③ **問 11** ④ **問 12** ④

解説

問 1　①「長老派」が×,「独立派」が○。

②「護国卿のときに」が×,「死後」が○。クロムウェルの死後, チャールズ 2 世が迎えられ, **王政復古**となった。

③「ジェームズ 1 世」が×,「チャールズ 1 世」が○。

問 2　**名誉革命**で王位に迎えられた**ウィリアム 3 世**と**メアリ 2 世**は, 1689 年に議会が決議した**権利の宣言**を, **権利の章典**として同意した。これにより, 議会の主権が確認され, **立憲君主政**が確立した。年表中の **b** の時期にあたる。

問 3　① 王政復古後のチャールズ 2 世の専制政治に対して, イギリス議会は, **審査法**や**人身保護法**を制定した。

②「国民議会」が×,「国民公会」が○。

③「チャーティスト運動」が×,「ウォルポール内閣」が○。**チャーティスト運動**は, 1832 年の**第 1 回選挙法改正**で選挙権が与えられなかった労働者が, 男性普通選挙などを要求して展開した運動。

④「スターリン」が×,「ゴルバチョフ」が○。

問 4　ルイ 14 世は, 幼少期には宰相**マザラン**に補佐され, 親政期には財務総監の「コルベール」を重用し, 王立マニュファクチュアの創設や東インド会社の再建など重商主義政策を進めた。選択肢の「**ネッケル**」は, ルイ 16 世の治世に財務総監につき, 財政再建を試みたが, 特権身分の反対で失敗した。

問 5　②「カトリック教徒」が×,「ユグノー」が○。弾圧されたユグノーの商工業者は, オランダやイギリス, プロイセンなどに亡命した。

問 6　②「ホーエンツォレルン家」が×,「ブルボン家」が○。**スペイン継承戦争**は, 1713 年に結ばれた**ユトレヒト条約**で終結した。ルイ 14 世は孫のフェリペ 5 世をスペイン王位につけ, **スペイン＝ブルボン朝**が生まれた。しかし, ハドソン湾地方などを, イギリスに奪われた。

問 7　**マリア＝テレジア**は, **オーストリア継承戦争**に敗れ, プロイセンの**フリー**

ドリヒ2世に「シュレジエン」を奪われた。マリア＝テレジアは，長年の宿敵「フランス」と同盟(外交革命)，七年戦争を戦ったが，シュレジエンを奪還することはできなかった。

問8　① または ⑤ が○。この風刺画は**ポーランド分割**を描いた絵で，**あ**はロシアの**エカチェリーナ2世**，**い**はプロイセンの**フリードリヒ2世**である。オーストリアは**ヨーゼフ2世**，ポーランド王はスタニスワフ2世である。

問9　④ ピョートル1世は，自らイギリス・オランダなどを視察し，先進的な技術の導入につとめた。**北方(ほっぽう)戦争**でスウェーデンを破り，**ペテルブルク**を建設する一方，清(しん)の康熙帝(こうきてい)と，**ネルチンスク条約**を結んで国境を画定した。

問10　③ が○。イタリア戦争以来衝突してきたオーストリアとフランスの友好関係の成立は「**外交革命**」と呼ばれる。

①「ユトレヒト条約」が×,「**アーヘンの和約**」が○。「ユトレヒト条約」は，スペイン継承戦争終結の講和条約で，1713年に締結された。

②「スペイン」が×，「**イギリス**」が○。

④「フリードリヒ2世」が×，「**ルイ16世**」が○。「**マリ＝アントワネット**」は，マリア＝テレジアの娘。ハプスブルク家とブルボン家との間の政略で，ルイ16世と結婚した。

問11　徹底した西欧化政策を進めたピョートル1世は，貴族たちの権威の象徴であった長いあごひげに高い税を課した。

問12　④ **エカチェリーナ2世**は，啓蒙(けいもう)思想家**ヴォルテール**らの影響を受けて**啓蒙専制君主(けいもうせんせいくんしゅ)**といわれたが，**プガチョフの農民反乱**以後は，農奴制を強化した。

①「ディオクレティアヌス帝」が×，「**カラカラ帝**」が○。

②「アッバース1世」が×,「**バヤジット1世**」が○。**ティムール**は，西アジアに遠征し，1402年**アンカラの戦い**で，オスマン帝国のバヤジット1世に勝利した。「アッバース1世」は，**サファヴィー朝**の全盛期を現出した君主で，首都**イスファハーン**は「世界の半分」といわれるほど繁栄した。

③「万暦帝(ばんれきてい)」が×，「**雍正帝(ようせいてい)**」が○。**軍機処(ぐんきしょ)**は，清の雍正帝の治世に設置され，実質的に政治の最高の決定機関となった。**万暦帝**は，明(みん)末期の皇帝で，豊臣秀吉(とよとみひでよし)の朝鮮侵攻に際して朝鮮(朝鮮王朝)を支援し，さらに1619年には金〔後金(こうきん)，アイシン〕の**ヌルハチ**にサルフの戦いで敗れた。

17 ヨーロッパの海外進出と文化

問題：本冊 p.72

問1 ③　　問2 ②　　問3 ②　　問4 ②　　問5 ②

解説

問1　③　**a**　グラフから，オランダの船舶数がピークを迎えたのは1720年代と読みとれる。七年戦争が終結したのは，1763年であるから，文は誤り。

b　フランスの東インド会社再建は，1664年である。グラフでは，フランスの船舶数は，1720年代末までイギリスの半分以下であるので，文は正しい。

要注意！　大西洋三角貿易

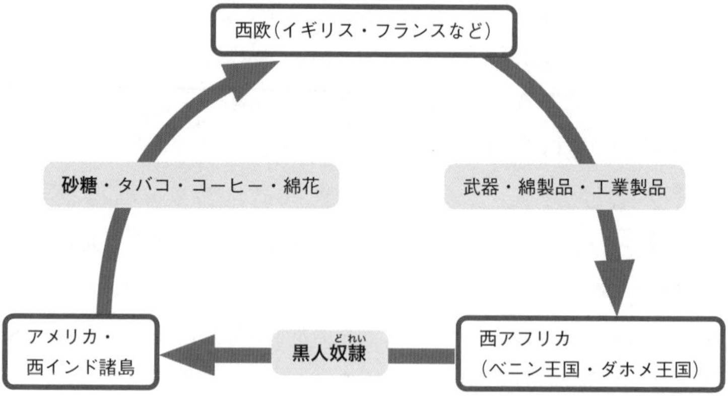

問2　② が○。**オランダ東インド会社**は，東南アジアに進出し，1619年にジャワの**バタヴィア**に要塞を築き，1623年**アンボイナ事件**でイギリス勢力を駆逐した。さらにオランダは，**マラッカ**，セイロン島をポルトガルから奪った。

①「オーストリア」が×,「ポルトガル」が○。ホルムズ島は，ペルシア湾口にあり，16世紀初にポルトガルが占領した。しかし，17世紀前半に**サファヴィー朝**の**アッバース1世**によって，ポルトガル人はホルムズ島から駆逐された。

③「フランス」が×,「イギリス」が○。**イギリス東インド会社**は，インドの**マドラス**・**ボンベイ**・**カルカッタ**に要塞や商館を設立した。

④「ポルトガル」が×,「フランス」が○。東インド会社を再建したフランス

は，**シャンデルナゴル**と**ポンディシェリ**に，インド貿易の拠点を築いた。

問3　年表中の「ジェームズタウン」は，イギリスが北アメリカで最初に開いた**ヴァージニア植民地**。「ピルグリム＝ファーザーズ」は，ステュアート朝ジェームズ1世の宗教的迫害を受けたピューリタンの一団で，1620年にメイフラワー号で**プリマス**に上陸し，**ニューイングランド植民地**の基礎を築いた。

問4　② が○。**ニュートン**は，17世紀後半，**万有引力の法則**を発見し，『プリンキピア』を著した。

①「エウクレイデス」は，ヘレニズム時代の数学者。

③「ダーウィン」は，19世紀半ばに，進化論を提唱して**『種(しゅ)の起源』**を著した。

④「コッホ」は，19世紀後半に，結核菌やコレラ菌を発見した。

要注意！　科学革命の17〜18世紀

☆**ニュートン**(イギリス)：**万有引力の法則を発見**。主著は『プリンキピア』

☆ボイル(イギリス)：気体の体積と圧力の関係を解明

☆ラヴォワジェ(フランス)：質量保存の法則

☆**ハーヴェー**(イギリス)：血液循環の原理

☆**リンネ**(スウェーデン)：植物分類学

☆**ジェンナー**(イギリス)：種痘法(しゅとうほう)の開発

問5　② が○。18世紀，イギリスの海外進出を反映して，**スウィフトは**，空想上の国々へ旅行する**『ガリヴァー旅行記』**を著し，その中で，当時のイギリス社会を風刺・批判した。

①「ミルトン」が×，「デフォー」が○。**ミルトンは**，ピューリタン革命を支持し，クロムウェルの秘書官もつとめた。彼が口述した**『失楽園(しつらくえん)』**は，**バンヤン**の『天路歴程(てんろれきてい)』とともに，ピューリタン文学を代表する作品。

③「仏図澄(ぶっとちょう／ブドチンガ)」が×，「**義浄(ぎじょう)**」が○。**仏図澄**は，西域(さいいき／せいいき)出身の僧で，五胡十六国(ごこじゅうろっこく)時代の混乱期の中国に来て，仏教を広めた。**義浄**は，海路，インドを訪れ，その帰途滞在したシュリーヴィジャヤで，**『南海寄帰内法伝(なんかいききないほうでん)』**を記述した。

④「孔穎達(くようだつ／こうえいたつ)」が×，「**法顕(ほっけん)**」が○。**孔穎達**は，唐(とう)の太宗(たいそう)(李世民(りせいみん))の命を受け，『五経正義(ごきょうせいぎ)』を編集した。『仏国記』は東晋の僧「法顕」のインド旅行記。

大学入学共通テスト②

問題：本冊 p.74

A　問1　③　　問2　①　　問3　④
B　問1　③　　問2　④　　問3　①

解説

A　問1　③ が○。空欄 ア は「**後ウマイヤ朝**」で，半島は「**イベリア半島**」。750 年にウマイヤ朝がアッバース家に滅ぼされたあと，その一族がイベリア半島に逃れ，「**後ウマイヤ朝**」を開いた。後ウマイヤ朝滅亡後，西サハラのベルベル人がモロッコに相次いで建てたムラービト朝と「**ムワッヒド朝**」は，イベリア半島に進出し，キリスト教徒による国土回復運動(レコンキスタ)に対抗した。

①「トルコ系」「ルーム＝セルジューク朝」が×。**ルーム＝セルジューク朝**は，セルジューク朝の分派で，11 世紀後半に「**アナトリア**(小アジア)」に成立し，この地のトルコ化・イスラーム化を促進した。

②「**ムラービト朝**」が×。グラナダを都とした「**ナスル朝**」が○。ナスル朝は 1492 年スペインのレコンキスタに敗れ，滅亡した。

④「**ワッハーブ王国**」は，ムハンマドの時代のイスラームへの回帰を訴えたワッハーブ運動を背景に，18 世紀半ばアラビア半島に成立した王国。従って×。ワッハーブ王国はオスマン帝国のスルタンの命を受けたエジプト総督の**ムハンマド＝アリー**に 1818 年一時的に滅ぼされた。

問2　① が○。ムハンマドの没後，イスラーム共同体の話し合いによって「アブー＝バクル」が初代のカリフ(後継者)に選ばれた。

②「**アブデュルハミト2世**」が×，「**ムスタファ＝ケマル**(のちのケマル＝アタチュルク)」が○。ムスタファ＝ケマルは，第一次世界大戦後，トルコ共和国を樹立し，「カリフ制を廃止した」。

③「**カリフ**」が×，「**大アミール**」が○。ブワイフ朝はシーア派のイラン系軍事政権で，アッバース朝カリフから大アミールの称号を得た。

④「**サファヴィー朝**」が×，「**マムルーク朝**」が○。1258 年アッバース朝はモンゴルの**フレグ**〔**フラグ**〕によって滅ぼされた。エジプトのマムルーク朝は，アッバース家一族をカイロに招いてカリフに擁立(ようりつ)し，イスラームの正統な支

配者であることを示した。

問3　④ **資料2**に登場する「**アリー**」は，第4代正統カリフ。ムハンマドの従兄弟で，ムハンマドの娘ファーティマと結婚した。その血を引くもののみが『**コーラン〔クルアーン〕**』を正しく解釈でき，ムスリムの最高指導者(**イマーム**)であるとする一派がシーア派である。

①・② **ファーティマ朝**は，10世紀初めチュニジアにおこった「**シーア派**」の王朝。その君主は，カリフを名乗ってアッバース朝の権威を否定した。

③ 969年に「エジプトを征服」して新都**カイロ**を建設したファーティマ朝は，さらに「シリア」を領有した。

B　問1　③ が○。先生の説明の中で，「儒学」・「宋代」・「新しい学問」から，空欄 **ア** は，南宋の**朱熹**によって大成された「**朱子学**」が想起される。選択肢の「臨安」は南宋の都で，現在の杭州。また，朱子学では特に「四書」(『大学』『中庸』『論語』『孟子』)が重視された。

① **科挙**は，隋の文帝(楊堅)が創始した官吏登用法。「書院」は宋代に学校として設立された。

② 王重陽が開いた道教の一派の「**全真教**」の説明で，×。

④ **王守仁**〔王陽明〕が「陽明学」を唱えたのは，明代の16世紀初めで，×。

問2　④ が○。文中の「**顧炎武**」は明末清初の学者。明末に，顧憲成らが無錫(江蘇省)に建設した**東林書院**を舞台に当時の政治を批判した人々(東林派)と，それに対抗する非東林派との政争が続いた。

① は後漢末の農民反乱，② は南宋政権内の金に対する政策的衝突，③ は明の正統帝がオイラトの**エセン**に土木堡で捕らえられた事件(**土木の変**)で，いずれも×。

問3　**あ**―前漢の武帝が制定した「**郷挙里選**」の説明で，○。

い―「抑制された」が×。三国時代の魏の文帝(曹丕)が始めた「九品中正(九品官人法)」は，“上品に寒門なく，下品に勢族なし”の言葉のように，高官は貴族が「独占・世襲した」が○。

X―会話文では，日本の儒学者の中には「周代の制度を参考」,「文才ではなく人柄を重視」という意見があったと説明しているので×。従って，正答は ①。

18 産業革命・アメリカ独立革命・フランス革命

問題：本冊 p.78

問1 ③　　問2 ②　　問3 ③　　問4 ④
問5 ②　　問6 ④　　問7 ②

解説

問1　③　**a**の「漢代」が×，「隋代」が○。

bは○。産業革命は，18世紀後半，イギリスで**綿工業**の技術革新から始まり，動力源として**蒸気機関**が用いられるようになった。蒸気機関は，18世紀後半，**ワット**が改良した。19世紀に入ると，**スティーヴンソン**が蒸気機関車を実用化し，アメリカの**フルトン**は，蒸気船を開発した。

問2　② ダービーは，溶鉱炉の燃料を木炭に代えてコークスを使用する製鉄法を開発した。この技術的変革は，産業革命初期に大きな影響を及ぼした。

問3　③ が○。七年戦争の戦費などによる負債をかかえたイギリス本国は，13植民地に対し，1765年**印紙法**を制定したが，植民地側は「**代表なくして課税なし**」と抵抗した。1773年の**茶法**にも反対して**ボストン茶会事件**を起こした。

①「砂糖」が×，「塩・鉄・酒」が○。

②「聖職者」が×，「農奴(農民)」が○。農奴は，領主に対して**賦役**と**貢納**の義務を負い，教会からは**十分の一税**を課された。

④「エジプト」が×，「インド」が○。イギリス東インド会社は，おもに南インドとシンド地方で，実際の耕作者や自作農(ライヤット)に直接納税させる**ライヤットワーリー制**を実施した。また，ベンガル地方では，領主や地主に土地所有権を認めて納税させる**ザミンダーリー制**が実施された。

問4　**ア**　選択肢の「ニューイングランド」は，北部。イギリスの最初の植民地で，南部に位置する「ヴァージニア」では，最も早く**黒人奴隷**が移入され，また最初の植民地議会も設けられた。

イ　南部の植民地では，タバコや綿花のプランテーションが発達した。

問5　**ア**　1775年独立戦争が始まり，植民地側は**フィラデルフィア**で**大陸会議**を開き，1776年「ジェファソン」らが起草した**独立宣言**を採択した。選択肢の「**トマス＝ペイン**」は，独立戦争勃発後，『**コモン＝センス(常識)**』を発表して，独立の正当性と共和国の樹立を説いた。

イ　独立宣言は，**自然法**に基づいて，基本的人権をうたい，それを侵害する政府に対しては，**革命権**を主張した。「ロック」の思想的影響が反映された。「ミルトン」は，キリスト教の世界観を描いた『失楽園（しつらくえん）』を著した。

問6　④　**a**「審査法（しんさほう）」が×,「人身保護法（じんしんほごほう）」が○。**審査法**は, 王政復古によってイギリス王位についたチャールズ2世が，カトリックを保護する姿勢を強めたため, 議会が1673年に制定した法で，非国教徒の公職就任を禁じた。議会は，1679年には不当な投獄・裁判を禁じた**人身保護法**を制定した。

b「**ヴァレンヌ逃亡事件**」は,「1791年憲法」の制定直前に，ルイ16世一家がオーストリアへ亡命を企て, パリにつれ戻された事件。「**バスティーユ牢（ろう）獄（ごく）（要塞（ようさい））襲撃**」は，1789年にルイ16世の憲法制定国民議会を武力弾圧する動きに，危機を感じたパリ市民が蜂起した事件。文は因果関係に整合性がなく，誤っている。

要注意！　国民議会と国民公会

●**国民議会**…ラ＝ファイエットやミラボーが主導

☆**封建（ほうけん）的特権の廃止**，**人権宣言**，1791年憲法（立憲君主政・制限選挙）

●**国民公会**…**ジャコバン派**が中心

☆封建的特権の無償廃止，**革命暦〔共和暦〕**の採用

☆公安委員会…**ロベスピエール**の恐怖政治→テルミドールの反動

☆1795年憲法…制限選挙，総裁制（そうさいせい）の採用→総裁政府

問7　②が○。1804年に制定された「**ナポレオン法典（民法典）**」は, 権利の平等，個人意志の自由，所有権の保障などを定めた。

①「三部会」が×，「国民議会」が○。

③「フィヒテ」が×，「ラ＝ファイエット」が○。ドイツの哲学者**フィヒテ**は, プロイセンがナポレオン軍に敗れて国家存亡の危機に直面するなか,「**ドイツ国民に告ぐ**」という講演を通して，国民意識の覚醒を訴えた。

④「シェイエス」が×,「ルソー」が○。『人間不平等起源論』は，『社会契約論』とともに，ルソーの代表的な著作。**シェイエス**は，『第三身分とは何か』を著し，第三身分は単独で国民議会を構成すべきだと主張した。

19 ウィーン体制とヨーロッパの再編

問題：本冊 p.80

問 1 ④　問 2 ③　問 3 ②　問 4 ⑴ ①　⑵ ③　問 5 ①
問 6 ⑴ ④　⑵ ③　問 7 ④　問 8 ③　問 9 ①

解説

問1　④　**a**　「ニコライ1世」が×,「アレクサンドル1世」が○。**ウィーン会議**後，アレクサンドル1世の提唱で**神聖同盟**(しんせい)が，またイギリス・ロシア・プロイセン・オーストリアが**四国同盟**を結成し，ウィーン体制の強化が図られた。

b　「アレクサンドル2世」が×,「ニコライ1世」が○。1853年**クリミア戦争**を起こしたロシア皇帝は，ニコライ1世。1856年ロシアは敗北して**パリ条約**を結んだが，そのときの皇帝は，**アレクサンドル2世**である。

問2　**ア**　「ドラクロワ」は，1830年の**七月革命**の勝利を題材に「民衆を導く自由の女神」を描いている。「**ルノワール**」は，フランスの印象派の画家。

イ　ギリシアは，15世紀以来，「**オスマン帝国**」に支配されていたが，1821年に独立戦争を起こした。

問3　バルカン半島への進出をもくろむイギリス・フランス・ロシアの支援を受けたギリシアは，1829年のアドリアノープル条約で独立が承認された。

問4　⑴　①の「サトウキビ」が×。サトウキビはニューギニアあるいはインドが原産地とされる。

⑵　③が○。空欄 **イ** の国名は「**アイルランド**」。ジャガイモ飢饉は1845～49年まで続いた大飢饉。自由党のグラッドストン首相は,1886年「**アイルランド自治法案**」を提出したが，自由党の分裂で否決された。

①「カトリック教徒解放法」は1829年に制定された。

②「ワット＝タイラーの乱」は，1381年に起こった農民一揆。

④「ジロンド派」は，フランス革命の穏健共和派の勢力で，1791年に成立した**立法議会**で優勢となり，内閣を組織した。

問5　①が○。1848年の**二月革命**後,第二共和政の大統領に当選したルイ＝ナポレオンは,1852年国民投票で帝政を復活させ,**ナポレオン3世**を名のった。

②「メロヴィング朝」が×,「**カロリング朝**」が○。

③「廃止した」が×,「**定めた**」が○。

④「ザクセン選帝侯」が×,「プロイセン国王ヴィルヘルム１世」が○。

問6　(1)　④ が○。空欄 **ア** の「**ドレフュス**」は，ユダヤ系陸軍将校で，1894 年にドイツのスパイとして終身刑に処された。のちに真犯人が判明したが，反ユダヤ主義の軍部は事実を隠蔽した。「ゾラ」は“私は弾劾する”という公開質問状を発表した。ドレフュスは再審ののち，無罪となった。

① 1880 年代末，フランスの元陸軍大臣のブーランジェが右翼・保守勢力の支援を受けて政権奪取をねらった「**ブーランジェ事件**」は，未遂に終わった。

② ナポレオン＝ボナパルトは「**ブリュメール 18 日のクーデタ**」で総裁政府を倒し，統領政府を樹立した。

③ 1920 年代のアメリカ合衆国で起こった「**サッコ・ヴァンゼッティ事件**」は，イタリア系移民のアナーキスト（無政府主義者）2 人が，証拠不十分のまま殺人罪で処刑される冤罪事件であった。

(2)　③ が○。ミレーは，パリ郊外のバルビゾンに住み，「**落ち穂拾い**」「種蒔く人」「晩鐘」などを描いた自然主義画家。① の「民衆を導く自由の女神」を描いた「**ドラクロワ**」はロマン主義の画家。

問7　1848 年フランスに起こった**二月革命**は，各地に波及し，オーストリアでは**三月革命**が起こり**メッテルニヒ**が失脚した。オーストリア支配下のハンガリーでは，マジャール人が「コシュート〔コッシュート〕」の指導で蜂起したが，ロシアの支援を受けたオーストリア軍により鎮圧された。

問8　1852 年，**第二帝政**を樹立した**ナポレオン３世**が，1870 年に**ビスマルク**の挑発に乗せられて**ドイツ＝フランス戦争**〔**プロイセン＝フランス（普仏）戦争**〕を起こし，スダン〔セダン〕で降伏した。フランスに成立した臨時政府が，1871 年**アルザス・ロレーヌ**の割譲など屈辱的な仮講和をプロイセンと結んだことに反対したパリ民衆が，自治政府「パリ＝コミューン」を樹立した。

問9　① が○。19 世紀から農業と牧羊業が発展した**オーストラリア**では，1850 年代に金鉱が発見され，さらに移民が増大した。

②「北イタリア」が×,「バルカン半島」が○。

③「趙匡胤」が×。**靖康の変**で女真の金に首都の開封が奪われ,「高宗」が江南に逃れて**南宋**を建て，**臨安**（杭州）を都とした。

④「ムアーウィヤ」が×。ムアーウィヤは**ウマイヤ朝**の創始者。

20 南北アメリカと19世紀の文化

問題：本冊 p.84

問1 ② 問2 ① 問3 ① 問4 ③ 問5 ④ 問6 ① 問7 ①
問8 ① 問9 ① 問10 ① 問11 ① 問12 ④ 問13 ③

解説

問1 **ア** 「ジャクソン」は，西部出身の最初の大統領で，白人男性普通選挙など，ジャクソニアン＝デモクラシーと呼ばれる民主主義的改革を行った。

イ ジャクソン大統領は，1830年に**強制移住法**を制定し，先住民を「ミシシッピ川以西」の保留地に強制移住させた。

問2 ② 最初の**大陸横断鉄道**は1869年に完成し，**フロンティア**の消滅宣言は1890年で，文中の「完成とともに」とはいえない。

③「スペイン」が×，「メキシコ」が○。

④ 19世紀初めのアメリカ＝イギリス〔米英〕戦争当時，合衆国の領土は太平洋岸に達していない。

問3 **ア** ストウ夫人は，人道主義的立場から奴隷(どれい)制を批判した。

イ 1860年，奴隷制拡大に反対する共和党のリンカンが大統領に当選すると，南部諸州は，翌1861年**アメリカ連合国**を結成し，**南北戦争**が勃発した。

問4 ①「漢(かん)代」が×，「明(みん)代」が○。

②「紡績機(ぼうせきき)の改良」が×，「飛(と)び杼(ひ)の発明」が○。「飛び杼」は織布用具。紡績機は，**ハーグリーヴズ**(多軸紡績機)・**アークライト**(水力紡績機)・**クロンプトン**(ミュール紡績機)などが改良・発明した。

④「18世紀後半」が×，「20世紀前半」が○。

問5 ④「法的な平等を獲得した」が×，「**法的・社会的差別は続いた**」が○。クー＝クラックス＝クラン(KKK)などによる黒人迫害や1890年頃から南部諸州での州法による黒人投票権の剝奪，人種隔離制度など人種差別は続いた。

② 1882年には「中国人移民禁止法」が成立した。

③ 1830年にジャクソン大統領が制定した「**強制移住法**」により，先住民はミシシッピ川以西の**保留地**に追われた。

問6 ① が○。「インカ皇帝」は太陽の化身(太陽の子)として神権政治を行った。

②「アルゼンチン」が×，「メキシコ」が○。アルゼンチンはサン＝マルティ

ンが独立運動を指導した。

③「プロテスタント」が×，「**カトリック**」が○。

④「ピルグリム＝ファーザーズ」は，1620年メイフラワー号で北アメリカのプリマスに上陸したイギリスのピューリタン。

問7　①が正しい。**ア**―スペイン国王は植民者にキリスト教布教と引き替えに，土地と先住民の支配を委託する「**エンコミエンダ制**」をしいた。

イ―「**クリオーリョ**」は，ラテンアメリカの植民地生まれの白人。独立運動を指導した(**シモン＝**)**ボリバル**や**サン＝マルティン**，**イダルゴ**などは「クリオーリョ」である。白人と先住民の混血は「**メスティーソ**」と呼ばれる。

問8　①「イベリア半島」が×，「**植民地**」が○。本国生まれの白人は，「ペニンスラール」。彼らは高位聖職者・高級官僚などとして権勢を誇った。

問9　①「バルザック」は，フランスの写実主義作家。

②「ドストエフスキー」が×，「**魯迅**(ろじん)」が○。**ドストエフスキー**の代表作は，『罪と罰』。

③「アダム＝スミス」が×，「**マルクス**」が○。**アダム＝スミス**は，18世紀後半『**諸国民の富**〔**国富論**(こくふろん)〕』を著し，**古典派経済学**の祖とされる。

④「モンテーニュ」が×，「**パスカル**」が○。**モンテーニュ**は，16世紀フランスの思想家で，『エセー〔随想録(ずいそうろく)〕』を著した。

問10　①『資本論』は「マルクス」の主著。1848年エンゲルスとともに『**共産党宣言**』を起草・発表した。

②「無政府主義〔アナーキズム〕」はフランスの「**プルードン**」やロシアの「**バクーニン**」らが唱えた。

④「精神分析学」は，オーストリアの「**フロイト**」が基礎を形成した。

問11　**a**　モンテスキューは『法の精神』で，三権分立論を確立した。

b　コントは，実証主義を提唱したフランスの哲学者。

問12　**a**　「**ランケ**」は，19世紀ドイツの歴史学者。**b**「**マキァヴェリ**」は，ルネサンス期のフィレンツェで『**君主論**』を著した。**c**「モリエール」は，ルイ14世の保護を受け，喜劇『人間嫌い』などを書いた。**b→c→a**の順となる。

問13　**a**　「電話機」が×，「**電信機**」が○。電話機は，**ベル**が発明した。

bは○。エディソンは，電灯・映画・蓄音機などを発明した。

21 アジア諸地域の変動

問題：本冊 p.88

問1 ④	問2 ③	問3 ④	問4 ②	問5 ②	問6 ④
問7 ②	問8 ③	問9 ③	問10 ③	問11 ③	

解説

問1 ④「インド」が×，「オスマン帝国」が○。オスマン帝国は，**クリミア戦争**後イギリス・フランスの干渉が強まるなか，**ミドハト＝パシャ**が主導して，1876年**ミドハト憲法**〔**オスマン帝国憲法**〕を制定した。しかし，**ロシア＝トルコ戦争**が勃発すると，アブデュルハミト2世は憲法を停止した。

問2 **ア** ベンガルはガンジス川下流域一帯の地域。1757年，イギリスは，**プラッシーの戦い**でフランス・ベンガル太守連合軍を破り，1765年にはベンガル地方の徴税権などを獲得した。

イ シク教徒は，地図中**a**のパンジャーブ地方に多く，イギリスと**シク戦争**を戦ったが敗北した。

問3 ①「スパルタ」が×，「アテネ」が○。

②「フランク国王」が×，「**西ローマ皇帝**」が○。

③「スウェーデン軍」が×，「**神聖ローマ皇帝軍**」が○。スウェーデン国王**グスタフ＝アドルフ**は，三十年戦争に介入し，プロテスタントを支援した。

問4 **a** 19世紀前半，オランダの東インド総督ファン＝デン＝ボスは，ジャワで，住民にコーヒー・サトウキビ・タバコ・藍（あい）などを強制的に栽培させた。

b 「フランス」が×，「**イギリス**」が○。イギリスは，マレー半島で19世紀には錫（すず）の採掘，20世紀初めにはゴムのプランテーションを開いた。

問5 18世紀半ば，トゥングー朝〔タウングー朝〕が滅んだあと，ビルマ〔ミャンマー〕を統一した**コンバウン朝**は，タイのアユタヤ朝を滅ぼすなど強勢を誇ったが，19世紀に3次にわたるイギリスとの**ビルマ戦争**に敗れて滅亡し，ビルマはインド帝国に編入された。

問6 ④ 19世紀初め，阮福暎（げんふくえい）は，フランス人宣教師ピニョーらの援助を得，西山（せいざん／タイソン）政権を破ってベトナム全土を統一し，阮（げん）朝を開いた。

①「クメール人」が×，「**チャム人**」が○。**クメール人**は，6世紀に真臘（しんろう）（カンボジア）を建てた。②「ビルマ人」が×，「**モン人**」が○。

③「ホー＝チ＝ミン」が×，「ファン＝ボイ＝チャウ」が○。ファン＝ボイ＝チャウは，日露戦争に勝利した日本への留学生派遣の**ドンズー（東遊）運動**を進めた。

問7　**a**　清は，18世紀半ば外国貿易を広州1港に限り，特許商人の**行商**〔**公行**〕に貿易を管理させた。一方，イギリスは，茶や生糸などの輸入超過による片貿易を改めようと，**マカートニー**らを清に派遣したが，拒否された。

b　イギリスによる**三角貿易**は，中国産の**茶**をイギリスに，イギリス産の**綿製品**をインドに，「インド産の**アヘン**を中国に輸出する」構造で，文は誤り。

問8　風刺画の中国の皇帝は「**乾隆帝**」。1792年にイギリスは**い**のマカートニーを中国に派遣し，**X**の「**貿易上の規制の緩和**」や外交使節の交換などを要求したが，乾隆帝に拒否された。**あ**の「アマースト」は1816年に北京に至ったが，嘉慶帝との謁見に際して，三跪九叩頭（1度跪いて3回頭が床に付くまで下げる礼を3度繰り返す）を拒否したため謁見できなかった。

問9　③　**ア**―文章中の「中国の伝統的な学問や儒教倫理を……根本としながら西洋の学問・技術を利用」は，「**中体西用**」についての説明。**曽国藩**〔**曾国藩**〕・**李鴻章**・左宗棠らが進めた**洋務運動**は，既存の儒学に基づく価値観は維持されていた。「**扶清滅洋**」は，義和団が掲げた標語。

イ―「**魯迅**」は，日本に留学して仙台で医学を学んだが中退し，文学の研究や翻訳に転じ，『狂人日記』『阿Q正伝』などの小説で中国社会の現実を批判した。

問10　③が○。アヘン戦争・アロー戦争に敗れた清朝では，曽国藩〔曾国藩〕や李鴻章らを中心に，**洋務運動**が展開されたが，基本的な考え方は，儒教を維持しながら，西欧の近代技術を摂取しようという「**中体西用**」であった。

①ゾロアスター教は，「イラン」から「中国」へ伝わり，**祆教**と呼ばれた。

②「プラノ＝カルピニ」が×，「**郭守敬**」が○。郭守敬は，元代にイスラーム天文学の影響を受け，「**授時暦**」をつくった。

④「タイ」が×，「**ベトナム（陳朝）**」が○。

問11　文中の農民戦争は，**全琫準**を指導者とする「**甲午農民戦争〔東学の乱〕**」である。日清両国が派兵し，1894年**日清戦争**が勃発した。

22 帝国主義と列強の世界分割

問題：本冊 p.92

問 1 ① 問 2 ③ 問 3 ④ 問 4 ④ 問 5 ① 問 6 ② 問 7 ③ 問 8 ③
問 9 ③ 問10 ④ 問11 ① 問12 ① 問13 ④ 問14 ⑥ 問15 ①

解説

問1　ア　フランスの孤立化をめざしたドイツの宰相**ビスマルク**は，1887 年にロシアと再保障条約を結んだが，ドイツ皇帝「**ヴィルヘルム 2 世**」がこの条約を更新しなかったため，ロシアはフランスに接近して**露仏**（ろふつ）**同盟**を結成した。

イ　ヴィルヘルム 2 世の膨張政策は，「**イギリス**」との対立を深めた。

問2　南北戦争後，産業革命が本格化した「**アメリカ合衆国**」は，19 世紀末にはイギリスに代わって世界第 1 位の工業国になった。

問3　④ **オレンジ自由国**と**トランスヴァール共和国**は，オランダ人植民者の子孫**ブール人**〔**アフリカーナ**〕の国で金やダイヤモンドを産出した。ケープ植民地首相（**セシル＝**）**ローズ**の策謀で起こした**南アフリカ**〔南ア，ブール〕**戦争**に勝利した「**イギリス**」が，両国を併合した。

問4　④ が○。「**第 2 インターナショナル**」は，1889 年にパリで結成された。

①「**共和政**」と「**王政**」が入れ替わっているので×。

②「**ロンバルディア同盟**」が×。**リューベック**が盟主の「**ハンザ同盟**」が○。

③「**促進した**」が×，「**禁じた**」が○。

問5　①　**a**　**ルイ＝フィリップ**は，二月革命で亡命し，第二共和政が成立。

b　20 世紀初め，アフリカの独立国は**エチオピア帝国**と**リベリア共和国**のみ。

問6　② が○。「**議会法**」は 1911 年に制定された。

①「**三部会**」は，1302 年にフランス王**フィリップ 4 世**が初めて招集した。

③「**トーリ党**」が×，「**ホイッグ党**」が○。

④ ローマ共和政の前 287 年に制定された「**ホルテンシウス法**」に関する文。

問7　設問の条件「イギリスがその植民地」の箇所に注目すれば，③「オーストラリア」のみが，この条件に適合する。①「ジョージア」はここではアメリカ合衆国南部の州，②「エチオピア」と ④「ペルー」は，ともに独立国。

問8　③　**a**　「スペイン」が×，「フランス」が○。

b は○。18 世紀後半**クック**が探検した**ニュージーランド**は，イギリスが，1840

年に先住民の**マオリ人**と条約を結んで植民地とした。

問9　③ が○。オセアニアは，18 世紀後半，イギリスの「クック」の太平洋航海によって探査され，1770 年にはイギリスが**オーストラリア**の領有を宣言した。

①「第二次世界大戦以前」が×。「**白豪主義**(はくごう)」は 1970 年代まで続いた。

②「フランス」が×，「**アメリカ合衆国**」が○。

④「前」が×，「後」が○。「**カナダ連邦**」は 1867 年に，ニュージーランドは 1907 年に，自治領となった。オーストラリア連邦は 1901 年に自治領。

問10　イギリス本国は，植民地経営の財政的負担の軽減と自由主義の進展を背景に，イギリス系移民の多い植民地に自治権を与える政策をとり，20 世紀初頭に**オーストラリア**，**ニュージーランド**，**南アフリカ連邦**を自治領とした。

問11　① が○。ドイツは，太平洋域で，ビスマルク，カロリン，**マリアナ**，マーシャル，パラオのそれぞれの諸島を植民地とした。

問12　**ア**　フランスの**ナポレオン 3 世**の**メキシコ出兵**に抵抗した「ディアス」は，のちに独裁的となり，自由主義者**マデロ**らの蜂起で 1911 年倒された。

イ　**メキシコ革命**では，農民軍の指導者「サパタ」らも加わった。

問13　④ が○。アメリカ合衆国は，1903 年にパナマをコロンビアから独立させて運河建設権を獲得し，1914 年に**パナマ運河**を開通させた。

①「中央アンデス」が×，「**中央アメリカ(ユカタン半島)**」が○。

②「オランダ」が×，「**スペイン**」が○。**(シモン＝)ボリバル**が独立を指導した。

③「コルテス」が×，「**ピサロ**」が○。**コルテス**はアステカ王国を滅ぼした。

問14　**a**　「**アメリカ＝スペイン〔米西(べいせい)〕戦争**」の結果，1898 年にフィリピンとグアムを獲得した。**b**　「**アメリカ＝メキシコ戦争**」の結果，1848 年にカリフォルニアを獲得した。**c**　合衆国は，1803 年に**ルイジアナ**をフランスから，1819 年に**フロリダ**をスペインから買収した。従って，**c → b → a** の順となる。

問15　① が○。空欄 **ア** は 1898 年の「**アメリカ＝スペイン〔米西〕戦争**」。その後，アメリカは，パナマをコロンビアから独立させ，1914 年に「**パナマ運河**」を開通させた。

② アメリカ＝メキシコ戦争に勝利し，1848 年**カリフォルニア**を獲得した。

③「プエルトリコ」が×，「**パナマ**」が○。

④ 1494 年にスペインとポルトガルが結んだ「**トルデシリャス条約**」。

23 アジア諸国の改革と民族運動

問題：本冊 p.96

問 1 ③　問 2 ④　問 3 ②　問 4 ②　問 5 ③　問 6 ③　問 7 ①
問 8 ①　問 9 ②　問 10 ②　問 11 ④　問 12 ⑤　問 13 ②

解説

問 1　③ が○。イギリス東インド会社は，インドのベンガル地方では，**ザミンダール**(領主)の土地所有権を認め，ザミンダールが農民から徴収した地代の一部を納税させるザミンダーリー制を導入した。

①「後ウマイヤ朝」が×，「ブワイフ朝」が○。

②「北宋」が×，「明」が○。明の**洪武帝**は，戸籍・租税台帳の「**賦役黄冊**」と土地台帳の「**魚鱗図冊**」をつくり，税収を確保した。

④ 1689 年の「権利の章典」では，課税は議会の承認が必要であるとされた。

問 2　④ が○。インド大反乱は，イギリス東インド会社の**インド人傭兵**(シパーヒー)が起こし，農民・商工業者，さらに旧支配層や地主層も加わった。

①「ヘンリ 8 世」が×，「ヘンリ 3 世」が○。

②「コロヌス」が×，「奴隷」が○。

③「廃止された」が×。反乱を鎮圧した**エカチェリーナ 2 世**により，農奴制は「強化された」が○。

問 3　② が○。**ティラク**は，インド国民会議派の急進派の指導者のひとり。

①「東インド会社」が×，「イギリス」が○。

③「すべての藩王国が廃止」が×。利用可能な藩王国の残存は認められた。

④「第二次世界大戦後」が×。ローラット法は「第一次世界大戦後」の 1919 年にイギリスが施行した弾圧法。ガンディーは非暴力・非協力運動を起こした。

問 4　② が○。1905 年の**ベンガル分割令**に反対して，**国民会議**は**英貨排斥・スワデーシ・スワラージ・民族教育**の 4 綱領を採択した。イギリスは，1906 年に**全インド＝ムスリム連盟**を結成して，ヒンドゥー教徒に対抗させた。

問 5　**a** の**タキン党**は，1930 年にビルマで結成された民族組織。**b** は正しい。

問 6　③ が○。**ホセ＝リサール**は，19 世紀末にフィリピン民族同盟を結成した。

①「アメリカ合衆国」が×，「イギリス」が○。

②「アルジェリア」が×，「サン＝ドマング〔ハイチ〕」が○。**トゥサン＝ル**

ヴェルチュールは，フランスからの独立解放をめざして蜂起した。

④「マレーシア」が×，「インド」が○。

問7　① が○。**あ**―「**壬午軍乱**」は 1882 年に起こった攘夷派兵士の反乱。**い**―開化派の**金玉均**らが，1884 年に日本軍の支援で閔氏政権打倒を企てた「**甲申政変**」。**う**― 1894 年東学党の全琫準が指導した「**甲午農民戦争（東学の乱）**」。従って，「**あ→い→う**」の順。

問8　**ア**　選択肢の「新文化運動」は，**陳独秀**が創刊した『**新青年**』を中心にした啓蒙運動で，**胡適**・**李大釗**・**魯迅**らが活動した。

イ　**義和団**は，反キリスト教結社で，19 世紀末山東で反乱を起こし，清が支持したため，日・露など 8 か国連合軍が出兵し，反乱は鎮圧された。

問9　② が○。「**西太后**」は，1860 年代から清朝の同治帝・光緒帝の摂政として実権を握った。義和団戦争〔義和団事件〕後，清朝の保守派の勢力が後退して**光緒新政**が始まり，1908 年には国会開設の公約，「**憲法大綱**」の発布など改革が進められた。同年末，光緒帝と西太后が相次いで死去した。

①「**キャフタ条約**」は，雍正帝時代の 1727 年にロシアと締結した条約。

③「**軍機処**」は雍正帝時代に設置された軍事・行政上の最高機関。

④ 国民政府は，1928〜30 年にかけて「関税自主権の回復」を達成し，国内の政治的・軍事的統一をめざした。

問10　②「イラン」が×，「**インドネシア**」が○。

問11　④ が○。**陳独秀**は，1915 年『青年雑誌』（のちの『新青年』）を発刊し，「民主と科学」を掲げ，儒教道徳を厳しく批判した。

問12　**a**　紅茶が，イギリスで普及し始めたのは，17 世紀後半以降である。

b　イランでタバコの専売権をイギリスに与えたことに反対して，1891 年に**タバコ＝ボイコット運動**が全土に広がり，専売権はイランに回収された。

c　中国での茶の栽培は 4 世紀頃に始まり，唐代には喫茶の風習も広まった。

問13　② が○。ロシアは，19 世紀後半に，綿花栽培が盛んな西トルキスタンの**ブハラ＝ハン国**・ヒヴァ＝ハン国を保護国とした。

①「明」が×，「清」が○。清の乾隆帝が，**ジュンガル**を滅ぼした。

③「ウマイヤ朝」が×，「**アッバース朝**」が○。

④「匈奴」が×，「ウイグル」が○。

24 第一次世界大戦とヴェルサイユ体制

問題：本冊 p.100

問1 ③ 問2 ③ 問3 ③ 問4 ① 問5 ① 問6 ④ 問7 ④
問8 ④ 問9 ② 問10 ③ 問11 ③ 問12 ② 問13 ② 問14 ①

解説

問1 ③が○。第一次世界大戦中，イギリスはインドの戦後の自治を約束し，インドから100万人を超える兵士を動員した。しかし，戦後の自治は実行されず，1919年には強圧的な**ローラット法**が制定された。

①「協商国(連合国)」が×，「**同盟国**」が○。

②「タンネンベルクの戦い」が×，「**マルヌの戦い**」が○。

④「**レーニン**」が×，「**アメリカ合衆国大統領ウィルソン**」が○。「**レーニン**」のソヴィエト政権は「**平和に関する布告**」を発表した。

問2 ③ **a** 「モンゴル高原」が×，「**メソポタミア・シリア**」が○。

b 第一次世界大戦中の1916年，イギリス軍がソンムの戦いで戦車を用いた。

問3 ③が○。ヴェルサイユ条約で，ドイツは，**アルザス・ロレーヌ**の返還，**軍備制限**，賠償金支払い義務などが課された。

① **ライン同盟**は，1806年**ナポレオン1世**が西南ドイツ諸邦をあわせて設立した。これにより神聖ローマ帝国が完全に消滅した。

② フランス王ルイ16世の処刑を機に，イギリスの**ピット**の提唱で結成された。

④ スイスは，1648年**ウェストファリア条約**で，独立が承認された。

問4 **a**は○。1776年，フィラデルフィアでの大陸会議で，**ジェファソン**らが起草した独立宣言が発表された。

bは○。1917年**十月革命**〔**十一月革命**〕の直後，**レーニン**のソヴィエト政権は，「**平和に関する布告**」と「土地に関する布告」を発表した。

問5 **ア** 第一次世界大戦中に，イギリスは，アラブ人に独立を約束した「**フサイン(フセイン)＝マクマホン協定**」を，イギリス・フランス・ロシア3国でオスマン帝国領分割の**サイクス＝ピコ協定**を，さらにユダヤ人のシオニズムを支持する**バルフォア宣言**など，矛盾する秘密外交を展開した。

イ ウィルソン大統領の「**十四か条の平和原則**」では，秘密外交の廃止，海洋の自由，民族自決などがうたわれた。

問6　④が○。第一次世界大戦後，シリアはフランスの委任統治領，イラク・トランスヨルダン・パレスチナはイギリスの委任統治領とされた。

①「古王国」が×，「**新王国**」が○。**ラメス2世**がヒッタイトと戦った。

②「アッバース朝」が×，「**ウマイヤ朝**」が○。

③「セリム1世」が×，「**サラーフ＝アッディーン〔サラディン〕**」が○。

問7　④「ヴィットーリオ＝エマヌエーレ2世」が×，「**ムッソリーニ**」が○。

問8　④が○。ワシントン会議の**九か国〔九カ国〕条約**は，中国も参加し，中国の主権・独立の尊重，門戸開放などを約束した。

①「フランス」が×，「**日本**」が○。中国は，パリ講和会議で山東のドイツ権益の日本継承を含む**二十一か条**の撤廃を要求したが，主要国に拒否された。

②「上海」が×，「**北京**」が○。

③「調印した」が×，「**調印を拒否した**」が○。

問9　アメリカ合衆国で女性参政権が実現したのは，1920年である。

問10　③が○。アメリカ合衆国は，1920年代，大衆文化が花開く一方，**禁酒法**の制定など「旧き良き時代」へ回帰する保守的な傾向も強まった。

①「ウラディミル1世」が×，「**ビザンツ皇帝レオン3世**」が○。

②「イギリス」が×，「**清**」が○。

④「漢の高祖」が×，「**秦の始皇帝**」が○。

問11　③インターネットの普及は，1990年代以降。

問12　②が○。1931年にイギリスで成立した**ウェストミンスター憲章**により，イギリス本国とカナダ・オーストラリア・ニュージーランドなど自治領が，相互に対等な立場で**イギリス連邦**を構成すると規定された。

①「第二次世界大戦後」が×，「**1918年の第4回選挙法改正**」が○。

③「ブレジネフ」が×，「**ドプチェク**」が○。1968年チェコスロヴァキアで起こった「**プラハの春**」に対して，ソ連のブレジネフが軍事介入した。

④「林則徐」が×，「**康有為**」が○。

問13　①「ブルガリア」が×，「**ヴァチカン市国**」が○。③「ローザンヌ条約」が×，「**ロカルノ条約**」が○。④「ロシア」が×，「**ドイツ**」が○。

問14　②「ブラジル」が×，「**チリ**」が○。③「総裁政府」が×，「**国民公会内の公安委員会**」が○。④「インド」が×，「**カンボジア**」が○。

25 アジア・アフリカ地域の民族運動

問題：本冊 p.104

問1 ②	問2 ②	問3 ③	問4 ①
問5 ⑤	問6 ②	問7 ③	

解説

問1 ② が○。トルコ共和国を樹立した「**ムスタファ＝ケマル**(のちの**ケマル＝アタチュルク**)」は**トルコ革命**を推進し，「カリフ制の廃止」による政教分離や**文字革命**(ローマ字の採用)，**女性参政権**の実施などの諸改革を推進した。

①「**国王至上法**」〔**首長法**(しゅうちょうほう)〕は，1534 年**ヘンリ 8 世**が発布し，イギリス王をイギリス国教会の首長とする法。

③「**ベンガル分割令**」は，1905 年イギリスがベンガル州をヒンドゥーとイスラームの両教徒の地域に分け，インドの民族運動の分断を図った法令。

④ **アルタン＝ハン**〔**ハーン**〕が，黄帽派(こうぼうは)〔ゲルク派〕の**チベット仏教**に帰依したことによって，チベット仏教はモンゴルや満洲にも広がった。

問2 ② が○。**イブン＝サウード**が，イスラーム教改革派の**ワッハーブ派**と協力し，聖地メッカなどを征服し，1932 年**サウジアラビア王国**を建てた。

①「ウンマ」が×，「ウラマー」が○。ウンマは，ムハンマドが，メッカから**メディナ**へ聖遷(せいせん)**(ヒジュラ)**したのち，信徒の共同体として成立した。

③「チュニジア」が×，「アフガニスタン」が○。**ターリバーン**は，アフガニスタンのイスラーム主義勢力。内戦が続いたアフガニスタンで，1996 年に政権を掌握したが，2001 年アメリカ軍の攻撃でターリバーン政権は崩壊した。

④「カージャール朝」が×。**イラン＝イスラーム革命**を指導した**ホメイニ**は，1979 年「パフレヴィー朝」を倒し，イラン＝イスラーム共和国を樹立した。

問3 イギリスは，第一次世界大戦後の 1919 年に，**ローラット法**を施行した。**ガンディー**は，**非暴力・非協力運動**を展開した。

問4 ① が○。1929 年に**国民会議派ラホール大会**で，**プールナ＝スワラージ**(完全独立)が決議され，**ガンディー**も翌年から「塩の行進」と呼ばれる抵抗運動を起こした。

②「シン＝フェイン党」が×，「タキン党」が○。**シン＝フェイン党**は，アイルランドで，1905 年に結成され，イギリスからの独立をめざした。

③「中国に」が×，「日本に」が○。ベトナムの**ファン＝ボイ＝チャウ**は，日露戦争に勝利した日本へ留学生を送る**ドンズー(東遊)運動**を進めたが，フランスの要請に屈した日本は，ベトナム人留学生を追放した。

④「サン＝マルティン」は，アルゼンチン・チリ・ペルーの独立につとめた。

問5　**a**　**上海クーデタ**は，北伐途中の1927年に，**蔣介石**が共産党を排除した事件で，蔣介石は，南京に**国民政府**を樹立した。

b　1931年，日本の関東軍は，奉天(瀋陽)近郊での**柳条湖事件**を機に，軍事行動を開始(**満洲事変**)し，翌1932年には**上海事変**を起こして戦火を拡大した。

c　**孫文**は，**五・四運動**の広がりを背景に，中華革命党を改組して，1919年に中国国民党を組織した。従って**c→a→b**の順になる。

まとめて覚える！　孫文と政治組織

☆興　中　会：1894年，華僑の支持を受け，ハワイで結成

☆**中国同盟会**：1905年，東京で結成。**「三民主義」**を主張

☆中華革命党：1914年，東京で結成

☆**中国国民党**：1919年，**五・四運動**の影響下に，中華革命党を改組

問6　② が○。1928年，**北伐**を完了して中国の統一を実現した国民政府は，「関税自主権の回復」など，対外交渉を積極的に進めた。

① 日本の二十一か〔カ〕条要求を受諾したのは，**袁世凱**の北京政府である。

③ **義和団戦争**の講和である**北京議定書**(**辛丑和約**)は，1901年に清が締結した。

④ 中ソ友好同盟相互援助条約は，1950年に**中華人民共和国**がソ連と締結した。

問7　③ 選択文は，1936年の「**西安事件**」。共産党が1935年に発表した**八・一宣言**に共感した**張学良**は，共産党攻撃をうながすため西安に来た蔣介石を軟禁し，内戦の停止と一致抗日を訴えた。

① 明の**洪武帝**は，「南京(金陵)」に都を置いた。

② 国民党の攻勢を受けた共産党は，**長征**を開始し，江西省の**瑞金**から，根拠地を陝西省の「**延安**」に移した。

④ 蔣介石の国民政府は，首都を南京から「重慶」に移し，アメリカ・イギリスなどの支援を受けて抗日戦を続けた。

26 世界恐慌と第二次世界大戦

問題：本冊 p.106

問 1 ①　問 2 ③　問 3 ①　問 4 ④　問 5 ①　問 6 ③　問 7 ③
問 8 ④　問 9 ③　問10 ②　問11 ②　問12 ④　問13 ②

解説

問1　①「第一次世界大戦後の1931年」に，アメリカ大統領フーヴァーは，賠償と戦債の支払いを1年間停止する「**フーヴァー＝モラトリアム**」を出した。
②「第3回選挙法改正」は，1884年**グラッドストン内閣**が実現した。
③「スイスの独立」は，1648年の**ウェストファリア条約**で承認された。
④「ブーランジェ事件」は，1880年代末フランスで起こったクーデタ未遂事件。

問2　③が○。「テネシー川流域開発公社（TVA）」は，**全国産業復興法（NIRA）**，**農業調整法（AAA）**，ワグナー法と並ぶフランクリン＝ローズヴェルト大統領の**ニューディール**の一環で，公共事業による失業者救済をめざした。

問3　①が○。ナチ党を率いる**ヒトラー**は，「アウトバーン」（自動車専用高速道路）建設などの大規模な公共事業によって失業者を減らしたといわれる。
②「イギリス」が×，「アメリカ合衆国」が○。
③「ロシア」が×，「イギリス」が○。労働党内閣首相の**マクドナルド**は与党労働党から除名され，保守党などの協力を得て挙国一致内閣をつくった。
④「自由貿易が実現」が×，「輸入規制が強化」が○。

問4　①「東周（とうしゅう）」が×，「漢（かん）」が○。五銖銭（ごしゅせん）は，漢の武帝（ぶてい）が鋳造させた銅銭。
②「北魏（ほくぎ）」が×，「金（きん）・元（げん）」が○。
③「ストルイピン」が×，「シュトレーゼマン」が○。1923年フランス・ベルギーの**ルール占領**を背景に，ドイツでは激しいインフレが起こった。**シュトレーゼマン内閣**は，新紙幣**レンテンマルク**を発行してインフレを収束させた。

問5　**a**　スペイン内戦に際し，イギリスやフランスは不干渉政策をとった。
b　人民戦線側には，ソ連が援助し，国際義勇軍も参加した。アメリカのヘミングウェーやイギリスのオーウェルなども国際義勇軍に加わった。

問6　**a**　「フランス」が×，「イギリス」が○。1875年スエズ運河会社の株を買収したイギリスは，インドの**カルカッタ**，南アフリカの**ケープタウン**，エジプトの**カイロ**を結ぶ**3C政策**をとった。

b　イタリアの**ムッソリーニ**は，1935 年にエチオピアを侵略し，翌年併合した。

問 7　③ が○。ナチ党の指導のもと，親衛隊（SS）や**秘密警察（ゲシュタポ）**によって学問・思想，言論，出版などの自由は奪われ，統制下におかれた。

①「含めて」が×，「**除いて**」が○。

②「エフェソス公会議」が×，「**トリエント〔トレント〕公会議**」が○。「**エフェソス公会議**」は 431 年に開かれ，**ネストリウス派**が異端とされた。

④「イギリス」が×，「**アメリカ合衆国**」が○。1950 年頃からアメリカでは，共産主義者などを追放する「**赤狩り〔マッカーシズム〕**」が始まった。

問 8　ヒンデンブルクは，第一次世界大戦初期，ドイツ軍を指揮して**タンネンベルクの戦い**でロシア軍に勝利し，戦後，**ヴァイマル共和国**の大統領に就任したが，ナチスの台頭をおさえきれず，1933 年**ヒトラー**を首相に任命した。

問 9　③ が○。第一次世界大戦後，日本では戦後恐慌や関東大震災などを背景に，民衆運動が活発化した。政府は，1925 年**普通選挙法**とともに，社会運動の取り締まり強化を図る**治安維持法**を制定した。

問 10　② 太平洋戦争開戦当初，日本軍はマニラ・**シンガポール**などを占領した。

①「フィンランド」は，1917 年のロシア革命を機に，独立を宣言した。

③「**アジア＝アフリカ会議**」は，1955 年バンドンで開催された。

④「**コミンテルン**」は，1919 年レーニンらのロシア共産党を中心に結成された。

問 11　**ア**　1940 年，ドイツのパリ占領後，フランス中部のヴィシーにペタンを首班とする親ドイツ政権が誕生した。

イ　**ド＝ゴール**は，ロンドンに逃れて**自由フランス政府**をつくり，国民にレジスタンス（抵抗運動）を呼びかけた。

問 12　④「ソ連軍」と「ドイツ軍」を入れ替えると正しい文となる。1941 年，ヒトラーは，**独ソ不可侵条約**を破棄してソ連に侵攻し，**独ソ戦**を開始したが，**スターリングラードの戦い**（1942〜43 年）に敗れた。

問 13　② が○。**日中戦争**が拡大するなか，日本は，1940 年に**汪兆銘**を首班に，親日傀儡の南京国民政府を樹立した。

①「ソ連」が×，「**イギリス**」が○。**カイロ会談**は，米・英・中の首脳会談。

③「重慶」が×，「**瑞金**」が○。

④「中国国民党」が×，「**中国共産党**」が○。内戦停止・一致抗日を唱えた。

大学入学共通テスト③

問題：本冊 p.110

A 問1 ③ 問2 ④ 問3 ②

解説

A 政治小説は，明治初期の自由民権運動を背景に生まれた小説で，東海散士(とうかいさんし)（本名は柴四朗(しばしろう)）の代表作『佳人之奇遇(かじんのきぐう)』は，アジア・アフリカなど列強の圧力に翻弄される地域のナショナリズムを描き，日本の危機を訴えた小説。

問1 ③が○。空欄 ア は「**諸国民の春**」とも「**1848年革命**」とも呼ばれるヨーロッパの転機となった革命の総称が入る。パリの**二月革命**の影響が波及したウィーンやベルリンでは**三月革命**が起こり，ドイツ諸邦の自由主義者らによって統一国家と憲法制定を求めて「**フランクフルト国民議会**」が開催された。国民議会はオーストリアを除きプロイセンを中心にドイツを統一する小ドイツ主義的な帝国憲法を採択し，プロイセン国王を皇帝に推戴(すいたい)したが，国王に拒否され，国民議会は解散した。

① 1917年，ロシアでは**二月〔三月〕革命**が起こり，ニコライ2世が退位してロマノフ朝は崩壊し，立憲民主党を中心とする臨時政府が成立した。

②「**青年トルコ革命**」は，1908年に「青年トルコ人」と呼ばれる知識人や将校らが，アブデュルハミト2世の専制に反対して起こした革命で，ミドハト憲法〔オスマン帝国憲法〕の復活を認めさせた。

④「**ディズレーリ**」が×，「**メッテルニヒ**」が○。メッテルニヒは，ウィーン三月革命（1848年）で失脚し，ウィーン体制は崩壊した。ディズレーリは，ヴィクトリア女王時代のイギリスの政治家で，スエズ運河会社株の買収（1875年），インド帝国の樹立（1877年）など帝国主義政策を推進した。

問2 ④が○。空欄 イ は「1881年にエジプトで民族運動を起こした」をヒントに，「ウラービー〔オラービー〕」大佐が想起される。1881年立憲制の確立と外国人支配からの解放を求めて起こした**ウラービー運動**は，**い**の「エジプト人のためのエジプト」をスローガンに，国民的な支持を得た。この運動に危機感をもった**Y**の「イギリス」は，軍事力で運動を鎮圧し，エジプトを事実上保護国化した。従って，「④ **い―Y**」が正答。

まとめて覚える！「諸国民の春─1848 年革命」

☆フランス：**二月革命**→七月王政崩壊(国王ルイ＝フィリップは亡命)，
第二共和政成立→大統領**ルイ＝ナポレオン**

☆オーストリア：ウィーン**三月革命**→メッテルニヒ失脚，ウィーン体制消滅

☆ハンガリー：**コシュート**が独立宣言→ロシアの介入で挫折

☆プロイセン：ベルリン**三月革命**→欽定憲法の発布

☆**フランクフルト国民議会**：国家統一と憲法制定をめざしたが挫折

☆イタリア：**青年イタリア**(マッツィーニら)のローマ共和国建設は，フランスが軍事介入して失敗
サルデーニャ王国の対オーストリア宣戦は敗北

☆イギリス：**チャーティスト運動**の高揚

問３　② が○。1875 年日本は，朝鮮半島沿岸で江華島(こうかとう)事件を起こして「朝鮮」に開国をせまり，翌 1876 年空欄 **ウ** の「日朝修好条規」を締結した。この条約は，釜山(ふざん/プサン)・元山(げんさん/ウォンサン)・仁川(じんせん/インチョン)の 3 港の開港，日本の領事裁判権，関税の免除などを朝鮮に認めさせた不平等条約であった。一方，幕末に日本が欧米列強と結んだ諸条約は，相手国の領事裁判権や，日本の関税自主権放棄を認めた不平等条約であったため，明治政府は，1870 年代から，欧米諸国とのあいだで空欄 **エ** の「不平等条約改正」のための交渉を始めた。なお，選択肢の「日清修好条規」は，1871 年明治政府が清と国交を樹立した対等条約。また「南樺太(みなみからふと)」に関して，樺太は江戸時代に松前(まつまえ)藩が経営にあたっていたが，1855 年日露和親条約で両国の共有とされた。明治政府が，1875 年ロシアと**樺太・千島(ちしま)交換条約**を締結してロシア領となった。その後，日露戦争後の**ポーツマス条約**で北緯 50 度以南の「南樺太」は日本領となった。

要注意！ 19 世紀のアジア・アフリカの民族運動

☆**アフガーニー**が「パン＝イスラーム主義」を説く

☆エジプト：**ウラービー〔オラービー〕運動**「エジプト人のエジプト」を唱える(1881～82 年)→イギリス軍が鎮圧し，支配下におく

☆スーダン：**マフディー運動**→ムハンマド＝アフマドが「マフディー」(救世主)を名のり，ハルツームを中心にマフディー国家を築き，反イギリス闘争を指導(1881～98 年)→イギリス・エジプト連合軍が鎮圧

☆イラン：**タバコ＝ボイコット運動**(1891～92 年)→ガージャール〔カージャール〕朝がイギリスに譲渡したタバコの独占利権を撤回

☆インド：**インド大反乱〔シパーヒーの反乱〕**(1857～59 年)→ムガル帝国滅亡・イギリス東インド会社解散(1858 年)

☆中国：①**太平天国**(たいへいてんごく)(1851～64 年)→**洪秀全**(こうしゅうぜん)が指導，「滅満興漢」(めつまんこうかん)を唱える

→曽国藩(そうこくはん)〔曾国藩〕・李鴻章(りこうしょう)・左宗棠(さそうとう)らの郷勇(きょうゆう)や常勝軍が鎮圧

②**義和団戦争**(ぎわだん)(1900～01 年)→「扶清滅洋」(ふしんめつよう)を唱え，清朝も対外宣戦

→日・露など 8 カ国連合軍出兵→「**北京議定書**〔辛丑和約(しんちゅうわやく)〕」で中国は半植民地化

B　問 1　①　　問 2　③　　問 3　②

解説

B　問 1　① が○。下線部の「マラヤ(マレー)の宗主国」は「**イギリス**」。イギリスは 18 世紀末にマレー半島西岸のペナンに続いて，植民地行政官ラッフルズが，1819 年に「**シンガポール**」を獲得した。さらに，これにマラッカを加えて 1826 年に「**海峡植民地**」を編成した。

②「19 世紀後半」が×，「**19 世紀前半**」が○。イギリス東インド会社は，1813 年にインドとの貿易独占が廃止され，1833 年には茶と中国貿易の独占権が廃止され，商業活動も停止された。

③「北京議定書」が×，「**南京条約**」が○。

④「廃止」が×，「結成」が○。

問2　**あ**―「ドイツ」は，ヴェルサイユ条約ですべての植民地を失った。そのうち，西太平洋のマリアナ諸島(アメリカ領のグアム島を除く)，カロリン諸島，マーシャル諸島は日本の委任統治領とされ，日本では「南洋諸島」と呼ばれた。

い―**表**の「1929年」当時，「フィリピン」を植民地支配していたのは「**アメリカ合衆国**」で，東南アジアとの貿易に積極的であった。

X―1920年代のアメリカ合衆国は，フォード車や家電製品の大量生産・大量消費の時代で，ラジオ・映画・プロスポーツなど**大衆文化**が花開いた。特にフォードT型車は流れ作業による大量生産が可能で，低価格化を実現し，大衆車の先がけとなった。

Y―ナチ党のヒトラーのもとで,「**アウトバーン**(自動車専用高速道路)」建設が始まったのは，統計表の「1929年」のあとの1933年以降である。

従って，正答は「③　**い**―**X**」。

問3　② が○。20世紀前半のマレー半島では，アメリカ合衆国やドイツ・フランスなどでの自動車産業の発展を背景に，タイヤ用の**ゴムのプランテーション**が開かれ，南インドから移民(印僑(いんきょう))が流入した。人口の増加に伴い，インドシナから食糧としての米が輸入された。

①「最も低かった」が×。インドネシアの宗主国は「**オランダ**」。「最も低かった」のは，統計表では「イギリス」である。

③「**強制栽培制度**」が×。「強制栽培制度」は，19世紀前半からオランダが，コーヒーやサトウキビなど商品作物の栽培をジャワの農民に導入し，莫大な利益をあげた農業政策である。フィリピンでは大農園におけるサトウキビ・マニラ麻などの商品作物生産が行われ，世界市場に組み込まれた。

④「インドシナと同じ宗主国」が×。フランスは，19世紀後半にベトナムとカンボジアを合わせて「**フランス領インドシナ連邦**」を成立させ，のち，ラオスを編入した。統計表中のインドシナの最大の輸出先の「香港(ホンコン)」は「イギリス領」である。

27 戦後世界秩序の形成と冷戦

問題：本冊 p.114

問1 ①　問2 ③　問3 ①　問4 ④
問5 ②　問6 ①　問7 ④

解説

問1　① が○。「太平洋安全保障条約(ANZUS)」は，インドシナ戦争や中華人民共和国の成立，朝鮮戦争の勃発など，アジアの緊張が高まった状況を背景に，1951年，アメリカ・オーストラリア・ニュージーランドが締結した。

② 「**コミンテルン**」は，**ロシア革命**後の1919年に，レーニンの率いるロシア共産党を中心に組織された。

③ 「**四か国条約**」は，第一次世界大戦後の**ワシントン会議**で，アメリカ・イギリス・フランス・日本の4か国が，太平洋における平和維持，領土の現状維持を取り決めた条約。このとき同時に**日英同盟**が解消された。

④ 第一次世界大戦後，「**パクス＝ブリタニカ**」の時代は終わり，経済や文化などの面で，世界の中心は，「**パクス＝アメリカーナ**」に移行した。

問2　③「ポツダム会談」が×，「**マルタ会談**」が○。1989年，アメリカの**ブッシュ**(父)大統領とソ連の**ゴルバチョフ**共産党書記長のマルタ会談で，冷戦の終結が宣言された。

問3　① が○。1946年，イギリスの前首相の**チャーチル**は，ソ連が「**バルト海からアドリア海まで，鉄のカーテンを降ろしている**」と批判した。

②「ソ連」と「アメリカ合衆国」が入れ替わっている。「封じ込め政策」は，アメリカ合衆国大統領トルーマンの「**トルーマン＝ドクトリン**」。

③「ソ連に支持」が×，「**ソ連とワルシャワ条約機構軍に軍事介入**」が○。

④「緊張した」が×，「**緊張は緩和し，雪どけと呼ばれた**」が○。

問4　**a**　1972年に日中国交の正常化が実現し，1978年に「**日中平和友好条約**」が結ばれた。

b　「**中ソ国境紛争**」は，中ソ論争を背景に，1969年には武力衝突に発展した。

c　泥沼化した**ベトナム戦争**を打開したいアメリカ合衆国と，中ソ対立を背景にアメリカとの関係改善を模索する中国とが接近し，1972年に「**アメリカのニクソン大統領**」の訪中が実現した。従って，**b → c → a** の順となる。

問5　②　**a**は○。15世紀初めに中山王によって統一された**琉球王国**は，明に朝貢し，日本や朝鮮，東南アジア諸国と中国を結ぶ中継貿易で繁栄した。

b「保護貿易」が×，「**自由貿易**」が○。

問6　**ア**　第二次世界大戦後，西ドイツの首相「**アデナウアー**」は，経済の「奇跡の復興」に貢献した。外交面でも，パリ協定に調印して1955年に主権を回復し，**北大西洋条約機構**(NATO)に加盟した。選択肢の「**コール**」は，西ドイツの首相で，1989年の**ベルリンの壁**の崩壊を機に，1990年**東西ドイツの統一**をなしとげた。

イ　1952年，フランス・西ドイツ・イタリア・ベネルクス3国が参加して，**ヨーロッパ石炭鉄鋼共同体**(ECSC)が成立し，1958年には同じ6か国によって，**ヨーロッパ経済共同体**(EEC)と**ヨーロッパ原子力共同体**(EURATOM)が発足した。一方，イギリスはEECに加盟せず，1960年にヨーロッパ自由貿易連合(EFTA)を結成して対抗した。

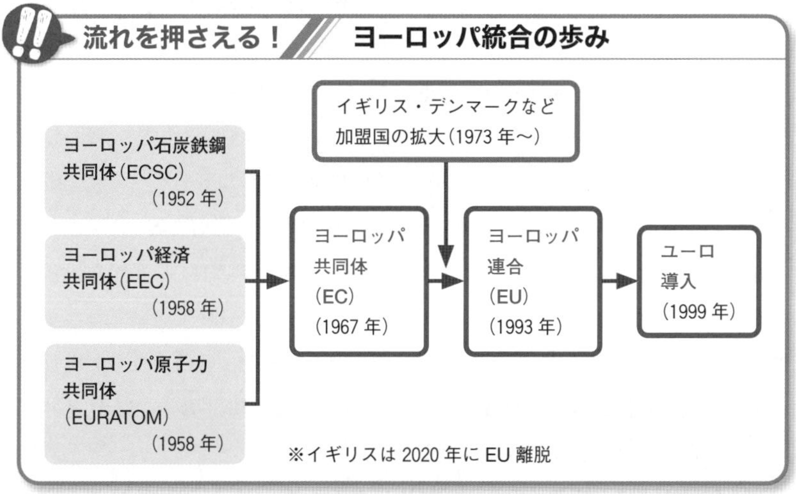

問7　④が○。**あ**—1973年の**第4次中東戦争**が勃発すると石油輸出国機構(OPEC)やアラブ石油輸出国機構(OAPEC)による石油戦略の結果，第一次石油危機(オイルショック)が起こった。**い**—1956年のエジプト大統領ナセルのスエズ運河国有化宣言に対して起こった**スエズ戦争**(第2次中東戦争)。**う**—1967年の第3次中東戦争。従って，「**い→う→あ**」の順。

28 第三世界の台頭と緊張緩和

問題：本冊 p.116

問１ ⑤　問２ ①　問３ ①　問４ ②
問５ ④　問６ ②　問７ ③

解説

問１　**a**　**東南アジア諸国連合**は，1967 年にインドネシア・マレーシア・シンガポール・フィリピン・タイで結成され，のち加盟国も増加した。

b　東ティモールは 1975 年独立を宣言し，内戦を経て 2002 年独立を達成した。

c　**東南アジア条約機構**は，1954 年に反共の安全保障機構として結成された。

問２　**ア**　1954 年**ジュネーヴ会議**で，**インドシナ戦争**の休戦協定が調印された。しかし休戦協定に反して，南ベトナムにはアメリカ合衆国が支援する**ゴ＝ディン＝ジエム**が，ベトナム共和国を樹立し，ホー＝チ＝ミンの「**ベトナム民主共和国**」（北ベトナム）に対抗した。1960 年，ゴ＝ディン＝ジエム政権に反対して，**南ベトナム解放民族戦線**が結成され，武装闘争を展開した。

イ　共産主義の拡大を恐れるアメリカ合衆国は，1965 年から北ベトナム爆撃（**北爆**（ほくばく））を開始し，アメリカ軍を派遣した（**ベトナム戦争**）。

問３　**ア**　「アフリカ民族会議」は，1912 年南アフリカ原住民民族会議として結成され，1923 年に改称。南アフリカ政府による**アパルトヘイト**の完全撤廃を求めて運動を続け，91 年にデクラーク大統領の下で撤廃を実現した。

イ　**ガーナ**は，1957 年にエンクルマ〔ンクルマ〕の指導でイギリスからの独立を達成した。

問４　② が○。1970 年代以降，開発途上国の中から急速な経済成長を実現した国や地域を**新興工業経済地域**（**NIES**（ニーズ））という。「シンガポール」のほか，香港・韓国・台湾・ブラジル・メキシコなどが該当する。

①「第二次世界大戦前」が×，「**第二次世界大戦後**」が○。イギリス領マラヤは，1957 年に独立して「**マラヤ連邦**」となった。

③「インド系住民」が×，「**中国系住民**」が○。1965 年，中国系住民を中心にマレーシアから「**シンガポール**」が分離・独立した。

④「20 世紀」が×，「**19 世紀前半**」が○。イギリスは 1826 年にペナン・マラッカ・シンガポールをまとめて「**海峡植民地**」に編成した。

問5　④が○。1949年国共内戦に敗れた**蔣介石**は台湾に逃れ，国民政府を存続させた。1988年から総統になった**李登輝**のもとで，台湾の民主化が進んだ。

①「ポーランド」が×，「ルーマニア」が○。1989年の東欧革命はルーマニアにも波及し，長期独裁体制をしいてきた**チャウシェスク**が処刑された。

②「**朴正熙**」は，1963年に韓国大統領となり，1965年には，**日韓基本条約**を結ぶ一方，**朝鮮民主主義人民共和国**(北朝鮮)と対立して軍事独裁体制をしき，国内の民主化を封じ込めた。

③「九・三〇事件」が×，「**天安門事件**」が○。**九・三〇事件**は，1965年インドネシアで起こったクーデタ未遂事件。**スカルノ**大統領は退陣し，**スハルト**が台頭した。**天安門事件**は，改革開放を進めた**鄧小平**が，1989年に起こった学生・市民の民主化要求の運動を武力弾圧した事件。

問6　②が○。1961年，東ドイツが東西ベルリンの境界に**ベルリンの壁**を築き，ドイツの分断が固定化されたが，西ドイツの首相ブラントは，ソ連・ポーランド・東ドイツとの関係改善を図る**東方外交**を進めた。

①「カストロ」が×，「フランクリン＝ローズヴェルト」が○。**カストロ**は，1959年ゲバラとともに**キューバ革命**を起こし，親米バティスタ政権を倒した。

③「アイゼンハウアー」が×，「シュトレーゼマン」が○。**シュトレーゼマン**は，第一次世界大戦後のドイツ首相として，未曾有のインフレを収拾し，その後，外相として**ロカルノ条約**の締結や国際連盟加盟を実現した。**アイゼンハウアー〔アイゼンハワー〕**は，第二次世界大戦で**ノルマンディー上陸作戦**の連合国軍最高司令官として指揮をとり，1953年アメリカ大統領に就任した。

④「マッキンリー」が×，「セオドア＝ローズヴェルト」が○。**マッキンリー**は，アメリカ＝スペイン〔米西〕戦争で**フィリピン**や**グアム**，プエルトリコを獲得し，1898年にはハワイを併合した。

問7　③　**a**　**セオドア＝ローズヴェルト**大統領は，「**棍棒外交**」でカリブ海諸国に干渉を強める一方，「**革新主義**」を唱えて労働者保護や反トラスト法の強化など，中産階級の不満解消に取り組んだ。人種差別反対とは言えない。

bは○。**キング牧師**は，黒人に対する差別を撤廃する**公民権運動**を中心的に指導した。1964年ジョンソン大統領のもとで**公民権法**が成立したが，キング牧師は，1968年暗殺された。

29 こんにちの世界

問題：本冊 p.118

問1 ④	問2 ②	問3 ②	問4 ②	問5 ③	問6 ②
問7 ④	問8 ③	問9 ④	問10 ④	問11 ②	

解説

問1　④が○。1979年末，ソ連はアフガニスタンの親ソ政権を支援するため「アフガニスタンに軍事侵攻」した。ソ連がアフガニスタンから撤退したのは，**ゴルバチョフ**政権の1989年である。

①「セルジューク朝」が×，「**サーマーン朝**」が○。

②「アケメネス朝」が×，「**セレウコス朝**」が○。

③「クシャーナ朝」が×，「**ティムール朝**」が○。「クシャーナ朝」時代には「**ガンダーラ美術**」と呼ばれる仏教美術が発展した。

問2　②が○。ベトナム戦争の長期化により，アメリカ合衆国は国際収支が悪化し，1971年に**ニクソン大統領**は，金と国際的基軸通貨のドルとの交換を停止した。これにより，国際通貨体制が動揺し「ドル＝ショック」が起こった。

①「**チェチェン紛争**」は，1990年代に，ロシアからの独立を求めて起こった。

③ 1988年に，「**李登輝**（りとうき）」が台湾（たいわん）の総統（そうとう）となり，民主化を進めた。

④ 1995年にGATT（ガット）に代わって「**世界貿易機関（WTO）**」が発足し，加盟した国や地域は，関税障壁の撤廃や国内市場の開放が求められた。

問3　**a**は○。1958年開始の「**大躍進**（だいやくしん）」**運動**で**人民公社**が設立された。

b　第1次五か年計画は，1953年から始まった。「**四つの現代化**」は，プロレタリア文化大革命後，**鄧小平**（とうしょうへい）が推進した。従って，誤った文である。

問4　②　**a**は○。**鄭成功**（ていせいこう）は，1661年にオランダ勢力を台湾から駆逐し，反清（しん）復明（みん）の戦いを続けた。鄭氏台湾は，1683年に清の康熙帝（こうきてい）に滅ぼされた。

b「国民党」が×。台湾の独立を掲げた「**民進党**」が○。

問5　1976年，周恩来（しゅうおんらい）に続いて**毛沢東**（もうたくとう）が死去し，**プロレタリア文化大革命**も終結した。実権を握った鄧小平は，年表**c**の時期に「**改革・開放**」政策に転換した。

問6　②が○。**アフリカ民族会議**（ANC）に参加したマンデラは，南アフリカで強行されたアパルトヘイト（人種隔離政策）に抵抗を続けた。1991年にアパルトヘイトは，法的に廃止された。

①「穏健派」が×，「**急進派**」が○。

③「エジプト革命」が×，「**パレスチナ解放機構(PLO)**」が○。**エジプト革命**は，1952年に**ナセル**ら自由将校団が起こし，翌年エジプト共和国を樹立した。

④「シンガポール」が×，「**インドネシア共和国**」が○。

問7　④が×。「アパルトヘイト(人種隔離政策)が撤廃された」のは，1991年。「南アフリカ共和国の成立」は，1961年である。

問8　③　**a**　東ドイツによる「ベルリンの壁の建設」は，1961年。グラフからは，西ドイツの生産台数が，イギリスの2倍以上になるのは，1960年代末以降と読みとれる。従って，説明文は誤っている。

b「イギリスのヨーロッパ共同体(EC)加盟」は，1973年。ECが成立した1967年頃から，イギリスの生産台数は，フランスを下回り，説明文は正しい。

問9　④朴正熙(パクチョンヒ)の大韓民国大統領就任は1963年で，「1990年代」ではない。

①「ソ連の解体」は1991年。②イラクの**フセイン**政権の**クウェート侵攻**に対して，アメリカなど多国籍軍がイラクを攻撃した「**湾岸戦争**」は，1991年。③**カシミール問題**などで対立する「インドとパキスタンの核実験」は1998年に相ついで行われた。

難 **問10**　**ア**「国連人間環境会議」は，1972年に「かけがえのない地球」をスローガンに，スウェーデンのストックホルムで開催された。この会議の20周年に，ブラジルのリオデジャネイロで，「**地球サミット**」〔**環境と開発に関する国連会議**〕が開催され，自然と調和した持続可能な開発が訴えられた。

イ　1980年，西ドイツでは，環境保護をおもな目標とする「**緑の党**」が結成された。

問11　②第二次世界大戦後，各国の通貨の交換比率が固定され，米ドルが金との交換性をもつ国際通貨とされてきた。しかしベトナム戦争での戦費がアメリカの国際収支を悪化させ，ドル危機が進行する中で，1971年**ニクソン大統領**は，ドルと金の交換停止を発表した(**ドル＝ショック**)。その結果，ドルを中心とする国際通貨体制は動揺し，主要国は1973年には**変動相場制**に移行した。グラフでは，360円と固定されてきた米ドルに対する日本円の円高が進んだことを示している。一方，ニクソンは1972年に中国を訪問して関係を改善し，また73年には**ベトナム〔パリ〕和平協定**を調印してベトナム戦争から撤兵した。

大学入学共通テスト④

問題：本冊 p.122

A	問1 ②	問2 ①	問3 ①
B	問1 ②	問2 ④	問3 ①

解説

A　オーウェルはスペイン内戦の実態を記した『カタロニア賛歌』を著した。スペインでは，アサーニャ**人民戦線内閣**に対して，1936年**フランコ**将軍がモロッコで反乱を起こし，**スペイン内戦**（1936～39年）が始まった。オーウェルやアメリカの作家ヘミングウェーらは国際義勇軍として人民戦線政府側を支援した。

問1　② が○。1931年日本の関東軍（かんとうぐん）は柳条湖（りゅうじょうこ）事件を口実に**満洲**（まんしゅう）〔**満州**〕**事変**を起こして中国東北地方を占領し，翌1932年清朝最後の皇帝の溥儀（ふぎ）を執政（しっせい）に「**満州国**〔**満洲国**〕**を建国**」した。国際連盟のリットン調査団報告は中国東北地方における日本の権益を認めたため，オーウェルは「日本人の望むままの行動が容認された」と指摘した。

①「**勝利した**」が×，「**敗北した**」が○。事件は，1939年満州国〔満洲国〕とモンゴル人民共和国の国境**ノモンハン**で，日本の関東軍とソ連・モンゴル軍が衝突。日本軍は敗北した。以後，日本は南進論をとるようになった。

③「台湾」は，日清戦争後の下関条約で，日本に割譲された。

④「真珠湾攻撃」は，1941年12月8日で，日本は太平洋戦争に突入した。

問2　1. 設問中の「**あらゆる党派の政敵**」に関して―ヒトラーは，1933年首相に就任すると，国会議事堂放火事件を口実に「**共産党**」を弾圧し，さらにナチ党以外の政党や労働組合を解散させ，一党独裁を実現した。

2. 下線部ⓑの「**ムッソリーニはアビシニア人を爆撃**」に関連した出来事―「アビシニア」は「エチオピア」の別称。ムッソリーニは，恐慌による国民の不満を外にそらすため，1935年「**エチオピア侵略**」を強行した。国際連盟はイタリアに対して経済制裁を決議したが効果はなく，翌1936年イタリアはエチオピアを併合した。従って，正答は「①」。

問3　① が○。「**ファシズム**」は，議会政治と自由主義・共産主義を否定し，ナショナリズムを前面にかかげる独裁体制。

「**あ—W**」—人民戦線の結成など国際的な反ファシズム運動の拡大に対して，1936年**ベルリン＝ローマ枢軸**（すうじく）が結成され，翌1937年には**日独伊三国防共協定**が成立した。その秘密協定では「ソ連を脅威とみなし」，仮想敵国とした。
「**い—Y**」—日本では，1932年犬養毅（いぬかいつよし）首相が海軍急進派青年将校らに暗殺された五（ご）・一五（いちご）事件で，政党内閣時代は終焉し，1936年の二（に）・二六（にろく）事件以降，「軍部」の発言力が強まった。イタリアのムッソリーニ，ドイツのヒトラーのようなカリスマ的な独裁者の存在は不確実である。

B　**資料**は，空欄 **ア** の「**キューバ**」をめぐって核戦争の危機に直面し，危機を回避したアメリカ合衆国大統領「**ケネディ**」の演説である。

問1　② が○。キューバでは，1959年カストロやゲバラらによる**キューバ革命**が起こり，「**バティスタ政権**が打倒された」。
① 北大西洋条約機構は，1949年アメリカを中心に西欧諸国によって結成された反ソ軍事同盟。キューバは参加していない。
③ フランス領サン＝ドマングは，黒人の**トゥサン＝ルヴェルチュール**が指導した反乱を機に，1804年世界初の黒人共和国「**ハイチ**」として独立した。
④「ナセルを指導者とする革命」は，1952年に起こった**エジプト革命**。

問2　④ が○。**資料**中の「**フルシチョフ**」はソ連共産党の第一書記。「**マクミラン**」は，「交渉相手の国」のイギリス首相である。この交渉によって，1963年アメリカ・イギリス・ソ連が，**Y**の「**部分的核実験禁止条約**〔地下を除く核実験禁止条約〕」に調印した。

問3　① が○。中ソ対立が激化した1969年，ウスリー川の珍宝島（ちんぽうとう）〔ダマンスキー島〕で中ソ両軍の「**軍事衝突**」が起こった。
②「調印した」が×。ソ連は対日講和のサンフランシスコ平和条約に「**調印していない**」。ソ連を引き継いだロシアとも領土問題などを背景に，平和条約の未調印の状態が続いている。
③「**クウェート**」が×，「アフガニスタン」が○。1990年イラクがクウェートに侵攻し，翌91年アメリカ中心の多国籍軍がイラクを攻撃しクウェートを解放した（**湾岸戦争**）。
④「**アラスカ**」は，1867年にアメリカ合衆国がロシアから買収した。

メモ

メモ